教书育人的良师　莘莘学子的益友

益智娱乐的园地　驾驭成语的高手

玩学教育的宝典　成才成功的秘籍

一书在手　玩转成语　智珠在握　得心应手

成语趣味游戏宝典

万日忠　万新　◎编著

（下册）

金盾出版社

内容提要

作者利用多年时间，收集成语5200多个，按现代教育科学的学习方法，寓教于乐，拟为春夏秋冬4篇2册，上册为春夏篇，下册为秋冬篇。全书12章、365题，即1日1题。这些题目有猜谜、竞赛、探究、改错、选择、填空、判断、问答、鉴别等类型，溶知识性、趣味性于一体。即可用于大中小学校教学，也可用于同学、朋友、家庭等普通人游戏，更可用于个人学习、开发智力，可谓学习掌握成语的真正宝典。

图书在版编目（CIP）数据

成语趣味游戏宝典 / 万日忠，万新编著. -- 北京：金盾出版社，2013.3

ISBN 978-7-5082-7844-5

Ⅰ.①趣… Ⅱ.①万…②万… Ⅲ.①汉语—成语—青年读物—②汉语—成语—少年读物 Ⅳ.①H136.3—49

中国版本图书馆CIP数据核字（2012）第193036号

金盾出版社出版、总发行

北京太平路5号（地铁万寿路站往南）

邮政编码：100036　　电话：68214039 83219215

传真：68276683　网址：www.jdcbs.cn

封面印刷：北京印刷一厂

印刷装订：双峰印刷装订有限公司

各地新华书店经销

开本：880×1230 1/32　印张：7.5 字数：220千字

2013年3月第1版第1次印刷

印数：1-6 000册

定价：全套34.00元　下册17.00元

前言 Preface

　　成语是中国浩瀚词语海洋中最璀璨夺目的瑰宝。语言大师王力说："汉语的历史悠久，成语十分丰富。在语言表达中恰当地运用成语可以使语言精练，形象生动，还可以充实丰富口语词汇"。成语蕴含着丰富的政治、哲学、科技、军事、外交、艺术、民俗等文化思想，学好成语既能拥有丰富的词语，又可掌握各类知识。正确地运用好成语"使文字分外精神"（鲁迅语），可以获得简洁明快、生动有趣、画龙点睛、意味隽永的效果。

　　教育家历来重视游戏的作用，主张"寓教于乐"。夸美纽斯说："游戏是发展多种才能的智力活动"；"游戏是学习，游戏是劳动，游戏是重要的教育方式"。以成语知识为素材而创制的游戏叫做成语游戏，以成语游戏为主题方式的教学法叫成语游戏教学法。成语游戏是一项益智娱情、智趣隽永、愉快健脑的大众文化娱乐活动。本着为广大师生和普通群众学习掌握成语，学中有乐，乐中有学的原则，《成语趣味游戏宝典》始创了旅游日历编年体的写作新法，即一日一题，一题一答，纵行时序，横贯题海，合纵连横，带您进入成语教与学的新境界，创造一个在游戏中增长才智、开阔视野的新平台。

　　本书融合当下流行的"淘宝体"幽默活泼语言风格，游戏题目新颖独特、构思巧妙、智趣隽永、图文并茂；改错题、猜谜题、填空题、判断题、选择题、问答题、图画题、注释题、分析题、应用题等应有尽有；庆典题、综合题、学科题、创新题、益智题、趣味题、竞赛题、排序题、探究题、论述题穿插其中，全方位、多角度培养读者活学活用成语的能力。可以说，本书是为你精心打包、量身定做的1桌成语盛宴，4大季节特色鲜明的风味系列酒席，12大套精美的知识营养套餐，365道成语趣味游戏佳肴，5270余款智慧成语开心果小吃点心。他熔益智娱乐性、趣味知识性、创新实用性于一炉，无论是用来专门教学训练，还是休闲娱乐，都会让您的思维更敏锐，大脑更活跃，学识更渊博。愿本书这种寓教于乐、寓学于乐、寓知于乐的方式受到您的欢迎，成为教师教书育人的得力助手，莘莘学子的良师益友，普通读者的枕边案头读物，机关团体智力游戏的题库帮手。

本书知识成系统、成体系，前后贯通，互相连接，但考虑内容较多，为便于读者使用，故分成上下两册，上册为春、夏两篇，下册为秋、冬两篇。为研究说明问题，本书引用了部分有启迪作用的网络研究图片，特致谢意，因该百度图片无作者姓名，无法联系，稿酬相关事宜可与作者联系，按规定执行。本书若有疏漏和不妥之处，恭请读者赐教。

作者：万日忠　万新

目录

第三篇　成语趣味游戏宝典（秋卷）

七月　成语游戏人生，从今天开始！

第四篇　成语趣味游戏宝典（冬卷）

十月　成语游戏人生，从今天开始！

十二月　成语游戏人生，从今天开始！

第三篇　成语趣味游戏宝典
（秋卷）

☺☺☺ 七月 ▶ ▶ ▶

成语游戏人生，从今天开始！

📖📖📖 7月1日 ☞☞☞

182　　☺☺☺ 趣填成语庆"七一" ☺☺☺.

请在下图的每个空格内填入适当的字，使之第一行（横格图）组成 2 条含有"红"、"旗"两个字的串联 4 字成语，第二行（横格图）成为 3 条含有"七"、"一"两个字的 4 字成语接龙。

♥♥♥ 答案链接 ♥♥♥→▶

第一行（横格图）：万紫千红，旗开得胜；

第二行（横格图）：七上八下，下车伊始，始终如一。

📖📖 7月2日 ☞☞

📖 183 ☺☺☺ 填成语念党恩跟党走 ☺☺☺.

"党在我心中，我与祖国共奋进"，为隆重庆祝中国共产党"七一"生日，请您在下列图中填入适当的文字，使它们分别与"中国共产党领导全国人民走进新时代"这16个文字组成16条4字成语，赶快行动吧！以此来庆祝"七一"念党恩永远跟党走吧！

🌙七🌙 ☪🌙☪ 🌙一🌙

□□中□,	国□□□,	□□共□,	□□产□,
□□□党,	□□□领,	□□□导,	全□□□,
国□□□,	□□□人,	□□民□,	走□□□,
□□□进,	□□□新,	时□□□,	□□代□。

♥♥♥ 答案链接 ♥♥♥→▶

🌙七🌙 ☪🌙☪ 🌙一🌙

如日中天,	国计民生,	有目共睹,	沉灶产蛙,
无偏无党,	提纲挈领,	因势利导,	全心全意,
国泰民安,	志士仁人,	国富民强,	走南闯北,
循序渐进,	万象更新,	时来运转,	新陈代谢。

📖📖 7月3日 ✍✍✍

📖 184 ☺☺☺ 根据成语猜成语谜 ☺☺☺.

请根据下列4字成语，分别猜射一条4字成语。

1. 水中捞月； 2. 争分夺秒； 3. 内外有别； 4. 移花接木；
5. 雪中送炭； 6. 凿壁偷光； 7. 悲喜交集； 8. 开源节流；
9. 四通八达； 10. 坐井观天； 11. 一无所长； 12. 改天换地；

13．量体裁衣；14．乐在其中；15．东施效颦。

♥♥♥ 答案链接 ♥♥♥➔▶

1．浮光掠影；2．刻不容缓；3．表里如一；4．节外生枝；
5．黑白分明；6．一孔之见；7．啼笑皆非；8．原形毕露；
9．头头是道；10．一孔之见；11．不毛之地；12．时过境迁；
13．以身作则；14．心里有谱；15．无病呻吟。

7月4日

185 ☺☺☺ 填“中”、“学”、“生”系列成语 ☺☺☺

请在下面的空方格里填入适当的字，使其竖向读分别与“中”、“学”、“生”这3个字组成12条4字成语。

中	学	生												
				中	学	生								
								中	学	生				
												中	学	生

♥♥♥ 答案链接 ♥♥♥➔▶

中	学	生		急	勤	舍		外	邯	枯		锥	真	好
流	以	龙		中	学	生		强	郸	杨		处	才	好
砥	致	活		生	苦	取		中	学	生		囊	实	先
柱	用	虎		智	练	义		干	步	稊		中	学	生

📖📖📖 7月5日 🐚🐚🐚

186 ☺☺☺ 多项选择抢答题 ☺☺☺

下列各小题的6个备选答案中有2～6个正确答案，请将其正确答案全部选出，并将其字母代码分别填入每一题后面的括号里。

1．"有沉鱼落雁之容，闭月羞花之貌"中成语"沉鱼落雁"、"闭月羞花"描写的古代四大美人是：（　　）

A、貂蝉；B、文成公主；C、王昭君；D、西施；E、杨玉环（杨贵妃）；F、赵飞燕。

2．成语"文房四宝"中的"四宝"是指书房中的下列哪四种文具？（　　　　）

A、纸；B、墨；C、弈；D、笔；E、砚；F、刀。

3．成语"三教九流"中的"三教"是指哪三教？（　　　）。

A、基督教；B、儒教；C、天主教；D、佛教；E、道教；F、伊斯兰教。

4．按照一般说法，成语"五谷不分"中的"五谷"是指上古粮食作物中的下列哪五种粮食作物？（　　　）。

A、稻；B、稷；C、麦；D、黍；E、菽；F、麻。

5．下列数词是实数的几项是：（　　　）

A、三人行，必有我师；B、三十而立；C、三十六策，走为上计；D、十八般武艺；E、三百六十行；F、三思而行。

6．按照佛教说法，成语"三生有幸"中的"三生"是指下列哪三世？（　　　　）

A、昨天；B、过去；C、明天；D、现在；E、未来；F、今天。

7．按照中国封建王朝法典规定：下列哪些罪名属于"十恶不赦"中的"十恶"范围呢？（　　　）

A、谋反；B、谋恶逆；C、不道；D、大不敬；E、不孝；F、内乱。

8．据宋代曾公亮撰《武经总要》记载，"三令五申"中的"五申"是指下列哪五申？（　　　）

A、申赏罚，以一其心；B、申观敌人之谋，视道路之便；C、申画战阵旌旗；D、申视分合，以一其途；E、申夜战听火鼓；F、申听令不恭，视之以斧钺。

9. 下面是成语"无事不登三宝殿"中的"三宝"和"三宝殿"的有关说法，哪些说法是正确说法呢？（　　）

A、"无事不登三宝殿"中的"三宝"指的是佛教中的佛、法、僧；B、成语"无事不登三宝殿"的"三宝"是指的是人参、燕窝、鹿茸；C、"法"是佛家"珍藏宝典"之所，如"藏经楼"；D、"僧"是指和尚睡觉的"寂静禅房"；E、"佛"是佛教信徒"大众登场藏事"的地方，如"大雄宝殿"；F、"三宝殿"即佛教寺院中佛、法、僧这三个主要活动场所，这些场所都是佛门禁地，平常是不允许人进去闲逛的，"无事不登三宝殿"的说法就因此而来的。

10. 在中国古代封建统治时期有关礼制规定：妇女要"三从四德"，下列哪些礼制属于"三从四德"中的"三从"和"四德"范围呢？（　　　　）

A、妇德；B、妇言；C、女子出嫁后要顺从丈夫；D、妇容；E、丈夫死了以后要顺从儿子；F、妇功。

11. 下列哪些是属于古时候的"五花八门"中的"五花"范围呢？（　　）

A、金菊花(比喻卖茶的女人)；B、水仙花(比喻酒楼上的歌女)；C、木棉花 (比喻上街为人治病的郎中)；D、牡丹花 (比喻给人剪头理发的)；E、土牛花(比喻一些挑夫)；F、火棘花(比喻玩杂耍的)。

12. 下列哪些是属于古时候的"五花八门"中的"八门"范围呢？（　　　　）

A、巾 (算命占卦的)；B、皮 (卖草药的)；C、彩 (卖戏法的)；D、挂 (江湖卖艺的)；E、平 (说书评弹的)；F、聊 (高台卖艺唱戏的)。

13. 下列哪些是属于中国近代的"五湖四海"中的"五湖"定义范围呢？（　　　　）

A、西湖；B、鄱阳湖；C、太湖；D、洞庭湖；E、巢湖；F、洪泽湖。

14．下列哪些是属于"三十六计"的套路范围呢？
（   ）

A、胜战计；B、攻战计；C、敌战计；D、混战计；E、并战计；F、败战计。

15．下列哪些是属于"三教九流"中的"上九流"范围呢？
（   ）

A、流医；B、僧；C、风（骗局）；D、琴棋；E、丹青；F、道。

16．据《战国策》、《史记》、《左传》等古籍记载："楚国名将养由基，鄢陵击毙晋魏锜；百步之外穿柳叶，连射三箭皆无虚"。请您从这首诗中找出两条成语或典故，可否？（   ）

A、鄢陵之战；B、百发百中；C、百步穿杨；D、连中三元；E、连升三级；F、五十步笑百步。

17．古诗云："卞庄提剑欲刺虎，仆僮高见行劝阻。二虎争食俱伤后，一举可获两大物"。请您从这首诗中找出四条成语或典故，好否？（   ）

A、二虎相争；B、一举两得；C、两败俱伤；D、龙腾虎跃；E、虎落平川；F、坐山观虎斗。

18．下列哪些是属于中医学所说的"五劳（痨）七伤"中的"七伤"定义范围呢？（   ）

A、大饱伤脾；B、大怒气逆伤肝；C、强力举重久坐湿地伤肾；D、形寒饮冷伤肺；E、忧愁思虑伤心；F、风雨寒暑伤形。

19．成语"名列前茅"是指的是第几名呢？请回答，好否？
（   ）

A、第一名；B、第二名；C、第三名；D、第四名；E、伸缩性强，人数少时，前三名也叫"前茅"；F、伸缩性强，人数多时，前五六名也叫"前茅"。

20．下列哪些是属于中国封建礼教所提倡的"三纲五常"中的"五常"通常定义范围呢？（   ）

A、仁；B、义；C、礼；D、智；E、忠；F、信。

♥♥♥ 答案链接 ♥♥♥→▶

1. A、C、D、E。2. A、B、D、E。3. B、D、E。4. B、C、D、E、F。5. B、C、D。6. B、D、E。7. A、C、D、E、F。8. A、C、D、E、F。9. A、C、D、E、F。10. A、B、C、D、E、F。11. A、B、C、E、F。12. A、B、C、D、E。13. B、C、D、E、F。14. A、B、C、D、E、F。15. A、B、D、E、F。16. B、C。17. A、B、C、F。18. A、B、C、D、E、F。19. A、B、C、D、E、F。20. A、B、C、D、F。

📖📖📖 7月6日 ☞☞☞

187 ☺☺☺ "大□大□"句式成语游戏 ☺☺☺

在下列空方格内填入适当的字，补充完整激活"大□大□"句式成语填字游戏。

大□大□，大□大□，大□大□，大□大□，大□大□，
大□大□，大□大□，大□大□，大□大□，大□大□，
大□大□，大□大□，大□大□，大□大□，大□大□，
大□大□，大□大□，大□大□。

♥♥♥ 答案链接 ♥♥♥→▶

大喊大叫，大慈大悲，大模大样，大吉大利，大手大脚，
大本大宗，大风大浪，大吹大擂，大彻大悟，大是大非，
大恩大德，大摇大摆，大男大女，大吃大喝，大红大紫，
大起大落，大轰大嗡，大仁大德。

📖📖📖 7月7日 🖋🖋🖋

188 ☺☺☺ 一休智填成语"爬"楼梯步步高升.

请你3分钟内在下面空方格内填入适当的字,趣填成语爬楼梯。请大胆 show(秀)出真我聪明才能和活力风采,看谁登得高,瞧谁"爬"得快,您一定能行哦!请听好口令➜Three—two—one—go➜我们现在开始进入——➷

模棱□□
装模□□
西装□□
中西□□
急中□□
气急□□
神气□□
六神□□
五颜六□
错认颜□
➷徒增颜□

♥♥♥ 答案链接 ♥♥♥➜▶

模棱 两可
装模 作样
西装 革履
中西 合璧
急中 生智
气急 败坏
神气 活现
六神 无主

五颜六色
错认颜标
↵ 徒增颜汗

🔖🔖🔖🔖 7月8日 ☞☞☞

【189】 ☺☺☺ **趣填乐律成语** ☺☺☺.

请在下列成语的空方格内填入有关乐律的字，使这些成语都成为乐律成语。

1. 伯□仲□；　2. 一片□□；　3. □□不调；　4. 伯□季□；

5. □鸣鼎食；　6. □□和谐；　7. □□别抱；　8. 一□两舌；

9. 弄□弹□；　10. □心剑胆；　11. □鸣漏尽；　12. □弦□乐；

13. □外之音；　14. 吴市吹□；　15. 鸣□而治；　16. 对牛弹□；

17. 以莛扣□；　18. 改□更张；　19. 一□作气；　20. 一□一鹤；

21. 五□不全；　22. □□羽衣；　23. 滥□充数；　24. 紧□密□；

25. 鼓□吹□；　26. 鸣□收兵；　27. 布□雷门；　28. 移□换□；

29. 山崩□应；　30. 载□载□；　31. □□升平；　32. 恒□酬□；

33. 余□绕梁；　34. 黄□大□；　35. 阳□白□；　36. □□下人；

37. □梁三日；　38. 急□繁□；　39. 扣人心□；　40. □□毁弃；

41. 引□刻□；　42. 靡靡之□；　43. 顾□周郎；　44. 古□不弹；

45. 同工异□；　46. □□喧天；　47. 煮鹤燃□；　48. 室如悬□；

49. 高□和寡；　50. 如□如□；　51. 晨□暮□；　52. 鸣□而攻；

53. 旗□相当；　54. 声出□□；　55. 开台□□；　56. 胶柱鼓□；

57. 哀□豪□；　58. 品□弹□；　59. 钟期绝□；　60. 大吹□□；

61. 九鼎大□；　62. 击□敲□；　63. 诗□书画；　64. 大吹大□；

65. 君□臣□；　66. 打□台；　67. 当面□，对面□；

68. 犹抱□□半遮面；　69. 掷地作□□声；

70. 当一天和尚，撞一天□。

♥♥♥ 答案链接 ♥♥♥→▶

1. 伯埙仲篪；　　2. 一片宫商；　　3. 琴瑟不调；　　4. 伯歌季舞；

5. 钟鸣鼎食；　　6. 琴瑟和谐；　　7. 琵琶别抱；　　8. 一簧两舌；

9. 弄竹弹丝；　10. 琴心剑胆；　11. 钟鸣漏尽；　12. 管弦丝乐；

13. 弦外之音；　14. 吴市吹箫；　15. 鸣琴而治；　16. 对牛弹琴；

17. 以莛扣钟；　18. 改弦更张；　19. 一鼓作气；　20. 一琴一鹤；

21. 五音不全；　22. 霓裳羽衣；　23. 滥竽充数；　24. 紧锣密鼓；

25. 鼓瑟吹笙；　26. 鸣锣收兵；　27. 布鼓雷门；　28. 移宫换羽；

29. 山崩钟应；　30. 载歌载舞；　31. 歌舞升平；　32. 恒舞酣歌；

33. 余音绕梁；　34. 黄钟大吕；　35. 阳春白雪；　36. 下里巴人；

37. 绕梁三日；　38. 急管繁弦；　39. 扣人心弦；　40. 黄钟毁弃；

41. 引商刻羽；　42. 靡靡之音；　43. 顾曲周郎；　44. 古调不弹

45. 同工异曲；　46. 锣鼓喧天；　47. 煮鹤燃琴；　48. 室如悬磬；

49. 曲高和寡；　50. 如埙如篪；　51. 晨钟暮鼓；　52. 鸣鼓而攻；

53. 旗鼓相当；　54. 声出金石；　55. 开台锣鼓；　56. 胶柱鼓瑟；

57. 哀丝豪竹；　58. 品竹弹丝；　59. 钟期绝弦；　60. 大吹法螺；

61. 九鼎大吕；　62. 击玉敲金；　63. 诗琴书画；　64. 大吹大擂；

65. 君桴臣鼓；　66. 打擂台；　67. 当面锣，对面鼓；

68. 犹抱琵琶半遮面；　69. 掷地作金石声；

70. 当一天和尚，撞一天钟。

📖📖📖📖 **7月9日** ✍✍✍

⌗190　☺☺☺ **拆字组成语** ☺☺☺.

　　请在下面方格内填入适当的字，分别与拆分开的"扬"、"眉"、"吐"、"气"这4个字组成4字成语，看谁"扬眉吐气"快而准？您能在3分钟内填出来吗？请听好，现在开始计时 ↓

扬				扬	扬					扬
	眉			眉		眉			眉	
	吐		吐			吐		吐		
		气	气				气	气		

♥♥♥ 答案链接 ♥♥♥➜▶

扬	扬	得	意	趾	高	气	扬	扬	葩	振	藻	悠	悠	扬	扬
愁	眉	不	展	近	在	眉	睫	横	眉	努	目	火	烧	眉	毛
吞	吞	吐	吐	口	吐	珠	玑	忍	气	吐	声	口	吐	狂	言
垂	头	丧	气	气	势	磅	礴	一	鼓	作	气	气	盛	言	宜

📖📖📖 7月10日 ☞☞☞

191 ☺☺☺ 趣填十二生肖大聚会成语（二）☺☺☺.

鼠、牛、虎、兔、龙、蛇、马、羊、猴、鸡、狗、猪这十二生肖接到通知：在7月10日参加十二生肖集团董事局特别会议，您看，7月10日上午八时整，十二生肖就准时来到会议室，您能帮忙为会议接待专员安排一下这十二生肖的座次吗？

□目寸光，□郎织女，□落平川，□死狐悲，□眉凤目，
□蝎心肠，□放南山，□肠小道，□年马月，□鸣而起，
□仗人势，□狗不如。

♥♥♥ 答案链接 ♥♥♥➜▶

鼠目寸光，牛郎织女，虎落平川，兔死狐悲，龙眉凤目，蛇蝎心肠马放南山，羊肠小道，猴年马月，鸡鸣而起，狗仗人势，猪狗不如。

📖📖📖📖 7月11日 ☞☞

192 ☺☺☺ "看"的近义词对号入座 ☺☺☺.

"看"的近义词有"见"、"望"、"顾"、"视"、"观"、"窥"、"觑"、"睹"、"览"、"盼"、"瞩"、"察"、"瞻"、"鉴"、"染"、"面"、"目"、"识"等等，请根据以下每一组前半部分的意思提示，把这些"看"的近义词填入到每一组后半部分相对应成语的空方格里。

1. 观察言语和表情——□言观色；
2. 把眼睛都快望穿了——□眼欲穿；
3. 一见面就像老朋友一样——一□如故；
4. 男女之间一见面就产生感情——一□钟情；
5. 表示对人不分厚薄，同样对待——一□同仁；
6. 一眼能看十行——一□十行；
7. 从管中看豹——管中□豹；
8. 一眼望去所有的景物全看见——一□无余；
9. 坐在井底里观望天——坐井□天；
10. 站在高处往远处看——高□远□；
11. 观察表情和脸色——□貌辨色；
12. 向远处看——极目远□；
13. 左边看看，右边瞧瞧——左□右□；
14. 您看我，我看您，互相对视——面面相□；
15. 让人看了以后产生不好的印象——有碍观□；
16. 看着前面，又看着后面——□前□后；
17. 看见怪异的事物或现象，镇静对待，不大惊小怪——□怪不怪；
18. 看见了就当做没有看见——□而不□；
19. 耳朵经常听到，眼睛经常看到，不知不觉受到影响——耳濡目□；

20. 看到死人的遗物或别人留下的东西，就想起这个人——□物思人；

21. 见过的多，知道的广——见多□广；

22. 看到很多——□不暇给。

♥♥♥ 答案链接 ♥♥♥ → ▶

1. 察言观色； 2. 望眼欲穿； 3. 一面如故； 4. 一见钟情；

5. 一视同仁； 6. 一目十行； 7. 管中窥豹； 8. 一览无余；

9. 坐井观天；10. 高瞻远瞩；11. 鉴貌辨色；12. 极目远眺；

13. 左顾右盼；14. 面面相觑；15. 有碍观瞻；16. 瞻前顾后；

17. 见怪不怪；18. 视而不见；19. 耳濡目染；20. 睹物思人；

21. 见多识广；22. 目不暇给。

📖📖📖 7月12日 ☞☞☞

193 ☺☺☺7 词连环成语接龙 ☺☺☺.

请您从右图中的右上角箭头开始，从外到里，填上适当的字，使下图形组成以"创"字为龙头、以"尊"字为龙尾的首尾相连接的7条4字成语连环接龙。→ ↗

统	←	←	创	←
↓	↓	←	命	←
↓	定	☺☺☺☺		↑
顾	→	→	尊	辞
→	→	义	→	↑

♥♥♥ 答案链接 ♥♥♥ → ▶

创业垂统→统筹兼顾→顾名思义→义不容辞→辞不获命→命中注定→定于一尊。

📖📖📖📖 7月13日 ☞☞☞

194 ☺☺☺ 经典历史人物与成语 ☺☺☺.

请您根据下列每一组歇后语中后半部分的成语典故故事之意
思，分别把26个历史人物和经典人物准确无误地填入相应的每一
组前半部分中的括号里。

1. （　　　）用兵——言过其实；

2. （　　　）自学勤奋读书——手不释卷；

3. （　　　）进京——不怀好意；

4. （　　　）思念妻子并去上京寻访妻子（　　　）
——破镜重圆；

5. （　　　）点烽火台——千金一笑；

6. （　　　）进迷谷——老马识途；

7. （　　　）上山打老虎—— 一举两得；

8. （　　　）进咸阳——约法三章；

9. （　　　）变法失败出逃——作法自毙；

10. （　　　）论战—— 一鼓作气；

11. （　　　）门前弄大斧——班门弄斧；

12. （　　　）审（　　　）——请君入瓮；

13. （　　　）断臂——留一手；

14. （　　　）谋荆州——赔了夫人又折兵；

15. （　　　）报答（　　　）恩德——退避三舍；

16. （　　　）出阵——人老心不老；

17. （　　　）斩（　　　）——违心做事；

18. （　　　）到蔺相如府给（　　　）道歉—— 负荆请罪；

19. （　　　）的力气—— 拔山举鼎；

20. （　　　）和（　　　）互敬互爱—— 举案齐眉。

♥♥♥ 答案链接 ♥♥♥→▶

1. (马稷) 用兵——言过其实;

2. (吕蒙) 自学勤奋读书——手不释卷;

3. (董卓) 进京——不怀好意;

4. (徐德言) 思念妻子并去上京寻访妻子 (乐昌公主) ——破镜重圆;

5. (周幽) 点烽火台——千金一笑;

6. (齐桓公) 进迷谷——老马识途;

7. (卞庄子) 上山打老虎——一举两得;

8. (刘邦) 进咸阳——约法三章;

9. (商鞅) 变法失败出逃——作法自毙;

10. (曹刿) 论战——一鼓作气;

11. (鲁班) 门前弄大斧——班门弄斧;

12. (来俊臣) 审 (周兴) ——请君入瓮;

13. (王佐) 断臂——留一手;

14. (周瑜) 谋荆州——赔了夫人又折兵;

15. (重耳) 报答 (楚成王) 恩德——退避三舍;

16. (黄忠) 出阵——人老心不老;

17. (诸葛亮) 斩 (马稷) ——违心做事。

18. (廉颇) 到蔺相如府给 (蔺相如) 道歉——负荆请罪;

19. (项羽) 的力气——拔山举鼎;

20. (梁鸿) 和 (孟光) 互敬互爱——举案齐眉。

📖📖📖 7月14日 ✍✍✍

195 ☺☺☺ 寻对手填反义字组成语 ☺☺☺.

请在下面方格内填入反义的文字,使每一条分别组成完整成语。

□智□愚，□应□合，□奉□违，□和□睦，
嘘□问□，三□两□，七□八□，出□入□，
势□形□，□见□怪，惹□生□，□极□来，
山□水□，假□济□，借□讽□，悖□悖□。

♥♥♥ 答案链接 ♥♥♥→▶

上智下愚，里应外合，阳奉阴违，上和下睦，
嘘寒问暖，三长两短，七上八下，出生入死，
势合形离，少见多怪，惹是生非，否极泰来，
山高水低，假公济私，借古讽今，悖入悖出。

📖📖📖 7月15日 ☞☞☞

196 ☺☺☺ 成语，您来自何方？ ☺☺☺.

　　源远流长、异彩纷呈的成语是在历史的长河中和广阔的领域里被相沿习用的，来源是多方面的。有的源自神话传说和寓言；有的源自历史故事、历史传记、逸闻逸事；有的源自诗文、戏曲、小说语句；有的源自口头俗语；有的源自谚语；有的源自于新社会并发展成为新成语。请您给下列55条成语的来源归类，好吗？

闻鸡起舞，朝三暮四，完璧归赵，请君入瓮，四面楚歌，叶公好龙，
自相矛盾，精卫填海，望梅止渴，学而不厌，狐假虎威，负荆请罪，
唇亡齿寒，多钱善贾，东施效颦，刻舟求剑，愚公移山，辅车相依，
夸父逐日，画蛇添足，舍生取义，改头换面，南腔北调，守株待兔，
夜郎自大，得陇望蜀，长袖善舞，黔驴技穷，一发千钧，不三不四，
以卵投石，春兰秋菊，铁树开花，投鼠忌器，与虎谋皮，改革开放，
小康之家，又好又快，科学发展，和谐社会，名落孙山，临深履薄，
磨杵成针，狼子野心，七步之才，以人为本，求同存异，解放思想，
中国特色，与时俱进，稳中求进，稳中求好，创新发展，旗帜鲜明。

♥♥♥ 答案链接 ♥♥♥→▶

1. **源自神话传说和寓言的成语**：朝三暮四，叶公好龙，自相矛盾，精卫填海，狐假虎威，东施效颦，愚公移山，夸父逐日，画蛇添足，守株待兔，黔驴技穷，与虎谋皮；2. **源自历史故事、历史传记、逸闻逸事的成语**：闻鸡起舞，完璧归赵，请君入瓮，四面楚歌，望梅止渴，负荆请罪，夜郎自大，得陇望蜀，名落孙山，磨杵成针，七步之才；3. **源自诗文、戏曲、小说语句的成语**：学而不厌，刻舟求剑，舍生取义，一发千钧，不三不四，以卵投石，春兰秋菊，临深履薄，小康之家；4. **源自口头俗语的成语**：改头换面，南腔北调。5. **源自谚语的成语**：唇亡齿寒，多钱善贾，辅车相依，长袖善舞，铁树开花，狼子野心，投鼠忌器；6. **源自于新社会并发展成为新成语（新词语）**：改革开放，又好又快，科学发展，和谐社会，以人为本，求同存异，解放思想，中国特色，与时俱进，稳中求进，稳中求好，创新发展，旗帜鲜明。

📖📖📖 7月16日 ☞☞☞

197 ☺☺☺ **巧填趣味数字塔成语** ☺☺☺.

下图塔中有对称的 52 个数字，请您在空格里填上适当的字，使其竖向读成为 26 条 4 字成语。请赶快行动吧！show（秀）出您的风采，看谁又好又快"爬"上塔顶，您一定能步步高升成功登顶哟！

				一				
			一	一	一			
		一	二	三	二	一		
	七	一	三	二	三	一	七	
四	八	一	五	三	五	一	八	四

千	八	千	三	九	六	九	三	千	八	千
万	千	万	百	一	十	一	百	万	千	万
🕊	万	🕊	百	🕊	十	🐕	百	🐕	万	🐕
🕊	🕊	🕊		🕊		🐕		🐕		🐕

♥♥♥ 答案链接 ♥♥♥➜▶

				一				
				成				
			一	一	一			
			清	旅	石			
		一	二	三	二	一		
		字	楚	心	鸟	唱		
	七	一	三	二	三	一	七	
	上	珠	令	意	纲	和	零	
四	八	一	五	三	五	一	八	四
面	下	日	申	班	常	国	落	亭

千	八	千	三	九	六	九	三	千	八	千
变	方	秋	秋	死	房	牛	公	言	当	红
万	千	万	百	一	十	一	百	万	千	万
化	军	代	发	生	全	毛	战	语	山	紫
	万		百		十		百		万	
	马		中		美		胜		水	

7月17日

198 ☺☺☺ 辨析选词花落谁家? ☺☺☺.

下列每两个句子前面有两条近义词成语,请辨析选择适当的成语填进句子中相应的空括号里,使其对号入座,花落其家。

1．有条有理,合情合理。

（1）因为他话讲得（　　　），原来反对的人也纷纷表示赞同。

（2）刘经理的话讲得（　　　），写下来简直就是一篇好文章。

2．无所不至,无微不至。

（1）在资本主义社会,资本家对佣工的压迫剥削,简直是（　　　），以达到榨取更大的利润的目的。

（2）新社会,党和政府对人民的关怀,真是（　　　）。

3．别具一格,不拘一格。

（1）苏州园林的建筑风格真是（　　　）。

（2）我们要（　　　）地选拔年轻有为的后备人才。

4．谨言慎行,谨小慎微。

（1）我们决不能做胆小怕事（　　　）碌碌无为的庸人。

（2）我们说话做事,当然也要做到（　　　）,不能马马虎虎。

♥♥♥ 答案链接 ♥♥♥→▶

1.（1）合情合理，（2）有条有理；2.（1）无所不至，（2）无微不至；
3.（1）别具一格，（2）不拘一格；4.（1）谨小慎微，（2）谨言慎行。

📖📖📖 **7月18日** ☞☞☞

199 ☺☺☺ 猜猜"我"是谁？☺☺☺.

概括释义填成语：分别根据下列每段句子后面括号里的意思，在空方格里分别写出相应的成语。

（1）开国之初，生机勃勃，虽然□□□□，但已经是万紫千红的局面。（很多废弃的事也等待兴办。）

（2）每当夜间疲倦，正想偷懒时，仰面在灯光下瞥见他黑瘦的面貌，似乎正要说出□□□□的话来。(声音高低转折，和谐悦耳。)

（3）南郭先生不会吹竽，本来是□□□□，但是他不会装会，弄虚作假，冒充内行，而且一味装下去，靠蒙骗过日子，以致落了个逃之夭夭□□□□的结局。(不可深加非议，指事情本身有它一定的道理。)（让天下人笑话。）

♥♥♥ 答案链接 ♥♥♥→▶

1. 百废待兴；2. 抑扬顿挫；3. 无可厚非，贻笑天下。

📖📖📖 **7月19日** ☞☞☞

200 ☺☺☺ 填字组成语解析释义 ☺☺☺.

请先在下面括号里填入恰当的字组成成语，然后解析所填字的语素意义。

1. 日（ ）万机，（ ）；2. 正气（ ）然，（ ）；

3. 万（ ）俱寂，（ ）；4. 置之（ ）外，（ ）；

5. （ ）无音信，（ ）；6. 户枢不（ ），（ ）；

7. （ ）轻怕重，（ ）；8. （ ）古未有，（ ）；

9. （ ）风沐雨，（ ）；10. 休（ ）相关，（ ）。

♥♥♥ 答案链接 ♥♥♥➜▶

1. 理，（办理，管理）；2. 凛，（严肃，严厉）；3. 籁，（孔穴中发出的声）；4. 度，（考虑）；5. 杳，（幽暗，见不到踪影）；6. 蠹，（蛀虫，这里指蛀蚀）；7. 拈，（用手指拿东西）；8. 亘，（贯穿）；9. 栉，（梳头发）；10. 戚，（忧愁）。

📖📖📖 7月20日 ✍✍✍

201 ☺☺☺ 趣填藏头龙成语连诗句 ☺☺☺.

成语填首字连接藏头龙诗句——请开动一下脑筋吧！把下列每一成语的首字填写完整，您会发现每一竖行首字相连接就是一首藏头古诗。想一想，这是谁的诗句呢？——既学成语又学诗，一举两得乐逍遥。

□枝招展，□立自主，□案齐眉，□答如流，
□不容息，□古御今，□水车薪，□影绰绰，
□寸丹心，□关宏旨，□功求赏，□人之美，
□中日月，□依为命，□见万里，□平二满，
□食征逐，□密无间，□下老人，□之常情。

♥♥♥ 答案链接 ♥♥♥ →▶

花枝招展，独立自主，举案齐眉，对答如流，
间不容息，酌古御今，杯水车薪，影影绰绰，
一寸丹心，无关宏旨，邀功求赏，成人之美，
壶中日月，相依为命，明见万里，三平二满，
酒食征逐，亲密无间，月下老人，人之常情。

这是唐代诗人李白五言古诗《月下独酌》的诗句。

📖📖📖 7 月 21 日 ☞☞☞

202 ☺☺☺ "□" 里应填什么数字？ ☺☺☺.

□穷□白，□心□意，□从□德，□分□裂，□颜□色，□情□欲，
□□□落，□死□生，□拿□稳，□疮□孔，□真□确，□众□心。

♥♥♥ 答案链接 ♥♥♥ →▶

一穷二白，三心二意，三从四德，四分五裂，五颜六色，七情六欲，
七零八落，九死一生，十拿九稳，千疮百孔，千真万确，万众一心。

📖📖📖 7 月 22 日 ☞☞

203 ☺☺☺ 成语与人名（三）☺☺☺.

人名具有实用、文学和艺术三种功能，好名行好运，佳名旺一生，名字传承人的情、意、志，蕴涵人的精、气、神，人名艺术与每个人都有着密切关系的。成语入名法是通过加工改造成语而命名的方法，也就是引入成语的取名法，人名中运用成语无法整体套用，只能将成语加以灵活变化，从中提炼出精华来，取其义而不照搬其

词，恰如其分地达到最佳使用效果，其中主要采取简缩法、纲目法、谐音法、改造法四种成语入名法。请您猜一猜下列的姓名各取自于哪些成语呢？

1. 刘海粟；　2. 马识途；　3. 焦若愚；　4. 王任重；　5. 王人美；
6. 蒋树声；　7. 成方圆；　8. 周而复；　9. 宁　静；　10. 王成美；
11. 马如飞；　12. 郑成功；　13. 连　城；　14. 魏长生；　15. 吴祖光；
16. 万　里；　17. 张若虚；　18. 范成大；　19. 李攀龙；　20. 吴伟业；
21. 孟浩然；　22. 李若谷；　23. 成思危；　24. 蒋大为；　25. 沈祥福；
26. 刘功德；　27. 于得水；　28. 魏金枝；　29. 任唯才；　30. 李自成；
31. 杨万里；　32. 陶行知；　33. 陈树人；　34. 关正明；　35. 王好为；
36. 王玉金；　37. 陈师道；　38. 于一清；　39. 陈玉成；　40. 石达开；
41. 万新（万更新）；　42. 苏有朋；　43. 任贤（任人贤）；
44. 金就砺；　45. 梅如玉；　46. 温知新；　47. 苗清秀；　48. 刘心怡；
49. 凌焕新；　50. 任成章；　51. 金汤固；　52. 华丽实；　53. 高建玲；
54. 修治平；　55. 何　清；　56. 成舍我；　57. 段克己；
58. 容光焕（夏衍的笔名）；　59. 马　力；　60. 高柏年。

♥♥♥ 答案链接 ♥♥♥→▶

1. 沧海一粟；2. 老马识途；3. 大智若愚；4. 任重道远；5. 成人之美；6. 树之风声；7. 不以规矩，不能成方圆（随方就圆、智圆行方、外圆内方）；8. 周而复始；9. 宁静致远；10. 成人之美；11. 健步如飞；12. 马到成功；13. 价值连城；14. 长生不老（长生久视）；15. 光宗耀祖；16. 万里长城；17. 虚怀若谷；18. 大器晚成（大家风范）；19. 攀龙附骥；20. 千秋伟业；21. 浩然之气；22. 虚怀若谷；23. 居安思危；24. 大有作为；25. 福气呈祥；26. 功德无量；27. 如鱼（于）得水（"于"与"鱼"字谐音）；28. 金枝玉叶；29. 唯才是举；30. 自成一家；31. 气吞万里；32. 知行合一（行知统一）；33. 百年树人；34. 正大光明；35. 好之为之；36. 金相玉质（金口玉言、金科玉律、金玉良言、璞玉浑金、堆金积玉）；37. 师严道尊；38. 一清二白；39. 玉成其事；40. 金石为开；41. 万象更新；42. 有朋自远方来；43. 任人唯贤；44. 木受绳则直，金就砺则利；45. 美如冠玉；46. 温故知新；47. 山清水秀；48. 心旷神怡；49. 焕然一新；50. 出口成章；51. 固若金汤；52. 华而不实（由"华而不实"改造而来）；53. 高屋建瓴；54. 修齐治平；55. 河清海晏（"何"与"河"字谐音）；56. 舍我其谁；57. 克己奉公；58. 容光焕发；59. 路遥知马力；60. 十年树木，百年树人（"柏"与"百"字谐音）。

📖📖📖 7 月 23 日 ☞☞☞

204 ☺☺☺ 填方位词趣组成语（二）☺☺☺.

下列开头词都是些方位词，请您以它们为开头，分别组成30条4字成语。

1. 上□□□； 2. 下□□□； 3. 左□□□； 4. 右□□□；
5. 前□□□； 6. 后□□□； 7. 上□□□； 8. 外□□□；
9. 中□□□； 10. 上□□□； 11. 下□□□； 12. 左□□□；
13. 左□□□； 14. 前□□□； 15. 后□□□； 16. 里□□□；
17. 前□□□； 18. 中□□□； 19. 前□□□； 20. 后□□□；
21. 前□□□； 22. 中□□□； 23. 上□□□； 24. 上□□□；
25. 下□□□； 26. 中□□□； 27. 中□□□； 28. 左□□□；
29. 左□□□； 30. 上□□□。

♥♥♥ 答案链接 ♥♥♥➜▶

1. 上蹿下跳； 2. 下车伊始； 3. 左右逢源； 4. 右有左宜；
5. 前度刘郎； 6. 后来居上； 7. 上智下愚； 8. 外柔中刚；
9. 中庸之道； 10. 上行下效； 11. 下笔成章； 12. 左图右史；
13. 左右开弓； 14. 前赴后继； 15. 后继有人； 16. 里应外合；

17. 前**呼**后拥； 18. 中原逐鹿； 19. 前**程**万里； 20. 后起之秀；

21. 前**无**古人； 22. 上**下**同心； 23. 上**和**下睦； 24. 上**漏**下湿；

25. 下**阪**走丸； 26. 中**饱**私囊； 27. 中**流**击楫； 28. 左**思**右想；

29. 左**顾**右盼； 30. 上**雨**旁风。

📖📖📖📖 **7月24日** ☞☞☞

205 ☺☺☺ "之"字成语旗舰店（二）☺☺☺.

请填充完整下列趣味"之"字成语，升级扩容组建的"之"字成语旗舰二店"开门纳客"啦～～～！

1. （ ）之有理； 2. （ ）之以恒； 3. （ ）之欲出；

4. （ ）之不顾； 5. （ ）之不及； 6. （ ）之过急；

7. （ ）之度外； 8. （ ）之交臂； 9. （ ）之夭夭；

10. （ ）之如饴； 11. （ ）之不尽； 12. （ ）之不竭；

13. （ ）之常情； 14. （ ）之以鼻； 15. （ ）之一炬；

16. （ ）之泰然； 17. （ ）之不易； 18. （ ）之有效；

19. （ ）之高阁； 20. （ ）之不得； 21. （ ）之若素；

22. （ ）之无愧； 23. （ ）之即来； 24. （ ）之一笑；

25. （ ）之毫厘； 26. （ ）之凿凿； 27. （ ）之有物；

28. （ ）之有效； 29. （ ）之骄子； 30. （ ）之任之；

31. 匹夫之（ ）； 32. 漠然之（ ）； 33. 象牙之（ ）；

34. 缓兵之（ ）； 35. 黔驴之（ ）； 36. 燃眉之（ ）；

37. 肺腑之（ ）； 38. 脱缰之（ ）； 39. 星星之（ ）；

40. 靡靡之（ ）； 41. 一孔之（ ）； 42. 一丘之（ ）；

43. 一字之（ ）； 44. 一念之（ ）； 45. 一面之（ ）；

46. 一家之（ ）； 47. 千里之（ ）； 48. 门户之（ ）；

49. 井底之（ ）； 50. 天壤之（ ）。

♥♥♥ 答案链接 ♥♥♥→▶

1. 言；2. 持；3. 呼；4. 置；5. 悔；6. 操；7. 置；8. 失；
9. 逃；10. 甘；11. 用；12. 取；13. 人；14. 嗤；15. 付；16. 处；
17. 来；18. 行；19. 束；20. 求；21. 安；22. 当；23. 招；24. 付；
25. 差；26. 言；27. 言；28. 言；29. 天；30. 听；31. 勇；32. 气；
33. 塔；34. 计；35. 技；36. 急；37. 言；38. 马；39. 火；40. 音；
41. 见；42. 貉；43. 师；44. 差；45. 交；46. 言；47. 行；48. 见；
49. 蛙；50. 别。

📖📖📖 7月25日 ☞☞☞

206 ☺☺☺ 趣填数字藏头接龙成语 ☺☺☺.

数字在日常生活中无所不在，数字与成语的关系又是息息相关的。请在下面空格里填入适当的字，使它们每一竖行分别都可以与每一竖行原有的文字构成4字成语，并且每一竖行成语开头第一个字是数字，再把这些4字成语首字串联成数字藏头接龙成语。

心	三	心	平	光	亲	情	面	死	恶	敲	战	方	事	必
	其				不				不				大	
意	德	意	稳	色	认	欲	风	生	赦	打	胜	计	吉	中
数 字 藏 头 接 龙 成 语

♥♥♥ 答案链接 ♥♥♥→▶

一心一意，二三其德，三心二意，四平八稳，五光十色，六亲不认，七情六欲，八面来风，九死一生，十恶不赦，零敲碎打，百战百胜，千方百计，万事大吉，亿必屡中。

📖📖📖 7月26日 ☞☞☞

[207] ☺☺☺ **成语哑谜（二）** ☺☺☺

想一想,请根据下面哑谜猜射两条成语,您能猜出来吗?

游艺室里,一张桌子上放着一把精制的牛角梳子和一把吉他,要求猜谜者做两个动作,打两条成语,凡猜中者即把此梳子奖励给猜中者。这两条谜语好久都没有人猜中了。这时一位名叫酷炫的女同学走到桌边,拿起梳子梳起头来。主持人恭喜说道:"您射中了一条谜底,这把牛角梳子就奖给您吧!"然后,这位女同学又抱起吉他,她一边弹吉他一边走出游艺室。主持人又恭喜说道:"您又射中了一条谜底,这把吉他也就属于您了!"您能说出这两条成语谜底吗?

♥♥♥ 答案链接 ♥♥♥➜►

1. 一触即发; 2. 挑拨离间, （解析:"间"作"房间"解）。

📖📖📖 7月27日 ☞☞☞

[208] ☺☺☺ **根据英语猜成语谜** ☺☺☺

请根据下列英语分别猜射一条4字成语谜语。

1. S -e-v-e-n 2. seven 3. T-wo 4. *three* 5. seven /eig
　　Eight ; 　eight ; 　T–h–ree; tonr; 　　　　ht ;

6. five /five/ five /five 7. thrEe foUr; 8. five * ten;

9. O ne; three/three/three/ three;

10. one two ; 11. Ei⇔ght ; 12. Nine one; 13. three /three/
two /two;

14. three /three /five /five; 15. TEN ten。

♥♥♥ 答案链接 ♥♥♥➤▶

1. 七长八短； 2. 七上八下； 3. 三长两短； 4. 颠三倒四；

5. 横七竖八； 6. 三五成群； 7. 不三不四； 8. 一五一十；

9. 一分为二；10. 一清二白；11. 八字打开；12. 九死一生；

13. 三三两两；14. 三三五五；15. 十全十美。

📖📖📖 7月28日 ☞☞☞

209 ☺☺☺ 成语对联对对碰找朋友 ☺☺☺

有些成语两两相连，浑然天成，融为一体，将它们摆在一起，恰好成为一副对仗巧妙的对联，给人以启迪和陶冶，妙趣横生，回味无穷。例如：千山万水——五湖四海；看菜吃饭——量体裁衣，等等。请您将下列成语两两相对串联起来。

愚公移山	墨突不黔	刻画无盐	坐井观天	流水不腐
闭月羞花	同声相应	精卫填海	画饼充饥	唐突西施
狐假虎威	孔席不暖	沉鱼落雁	百家争鸣	忠言逆耳
同气相求	户枢不蠹	旗开得胜	狗仗人势	望梅止渴
百花齐放	良药苦口	管中窥豹	马到成功	

♥♥♥ 答案链接 ♥♥♥➤▶

愚公移山——精卫填海；狗仗人势——狐假虎威；望梅止渴——画饼充饥；良药苦口——忠言逆耳；刻画无盐——唐突西施；闭月羞花——沉鱼落雁；孔席不暖——墨突不黔；流水不腐——户枢不蠹；同声相应——同气相求；管中窥豹——坐井观天；旗开得胜——马到成功；百家争鸣——百花齐放。

📖📖📖 7 月 29 日 ☞☞☞

⑩ ☺☺☺ 益智趣味选择抢答题（二）☺☺☺.

1. 下列各组词语中加点字的读音，全都与所给注音相同的一项是：（ ）

A、胫 jìng 孪，净化，靓妆，疾风劲草；

B、塑 sù，情愫，上溯，夙愿，满天星宿；

C、便 pián，胼胝，骈文，蹁跹，便宜行事；

D、人 rén，仁爱，荏苒，妊娠，稔如指掌。

2. 下列各组词语中没有错别字的一组是：（ ）

A、翕动，定婚，臭哄哄，直言不讳；

B、缨珞，图象，炒鱿鱼，铤而走险；

C、障蔽，更迭，打嘴仗，针砭时弊；

D、煤炭，装帧，敲竹杠，佶屈聱牙。

3. 一个离过 50 次婚的女人，用一句成语形容她，这句成语是：（ ）（提示：运用谐音法解答此题。）

A、年过半百；B、前功（公）尽弃；C、50 步笑百步；D、离心离德。

4. "立竿见影"、"管中窥豹，可见一斑"、"凿壁偷光"、"一叶障目，不见泰山"等成语与物理知识有关，都可以用（ ）来解释。

A、光的漫反射知识；B、光的折射知识；C、光的直线传播知识；D、光的镜面反射知识。

5. 成语"破釜沉舟"源自于哪次战争？（ ）

A、巨鹿之战；B、淝水之战；C、赤壁之战，D、长平之战。

6. 成语"桃李满天下"，比喻学生众多。"桃李"比喻学生从哪个朝代开始的？（ ）

A、唐朝；B、明朝；C、汉朝；D、春秋。

7. 成语"夜郎自大"的"夜郎"指的是：（ ）

A、国家名；B、人名；C、夜哭郎；D、小偷。

8. 成语"画地为牢"的"牢"的最初本义是：（ ）

A、地狱；B、牢房；C、框框；D、牢记。

9. 用成语"山雨欲来风满楼"作谜面，猜射海南二个地名是：
（ ）

A、文昌，海口；B、陵水，临高；C、三亚，琼山；D、崖城，
定安。

10. 成语"终南捷径"中的"终南"的意思是：（ ）

A、中南军区；B、南极；C、终南山（山名），在陕西省西安
市西南；D、南方的终点。

11. 成语"孔武有力"中的"孔武"的意思是：（ ）

A、人名；B、文武；C、孔：甚，很。很威武，形容人很有勇
力；D、大力士。

12. 成语"封豕长蛇"中的"封豕"的意思是：（ ）

A、册封；B、封：大，大猪长蛇，比喻贪婪横暴的人；C、发
疯的猪；D、抓猪。

13. 成语"有的放矢"中的"有的"的意思是：（ ）

A、有目的；B、有的人；C、有靶子；D、有的条件。

14. "东张西望"、"瞻前顾后"、"左顾右盼"这几条成语
用在什么场合最合适？（ ）

A、登高山；B、偷东西；C、观光台；D、过马路。

15. 请用一条成语解释：宇宙飞船为什么需密行？（ ）

A、天机不可泄漏；B、天马行空；C、天网恢恢，疏而不漏；
D、天旋地转。

16. 请用一条成语解释：一片叶子为什么能够遮住整个世界？
（ ）

A、一叶知秋；B、一叶障目；C、叶落知秋；D、叶落归根。

17. 请用一条成语解析：成语中，什么数字最听话呢？（ ）

A、一（一呼百应）；B、一百（百依百顺）；C、三，四（三从
四德）；D、三十六（三十六计走为上）

18. 请以谜面"少了一本书"猜射一条4字成语谜底，请选择。
（ ）

A、博览群书；B、书香门第；C、缺一不可；D、缺斤短两。

19. 成语"是是非非"的意思是什么呢？请选择。（ ）

A、是非之间；B、对和错；C、肯定正确的，否定错误的；D、否
定正确的，肯定错误的。

20. 下面关于成语"黄道吉日"的说法哪一项是正确说法呢？
请选择。（ ）

A、与天文学上的"黄道"有关；B、现代社会占星术；C、旧
时迷信星命之说，把青龙、金匮、天德、玉堂、司命等六辰叫做"吉星"，
六辰值日的日子诸事皆宜，称为"黄道吉日"；D、人在黄道吉日
是要避讳凶忌的。

♥♥♥ 答案链接 ♥♥♥➔▶

1. A；2. C；3. B；4. C；5. A；6. D；7. A；8. C；9. B；
10. C；11. C；12. B；13. C；14. D；15. A；16. B；17. B；
18. C，〔解析：缺一不可〔Book（英文"书"的意思，念"不可"音)〕〕
19. C；20. C。

📖📖📖 7月30日 ☞☞☞

211 ☺☺☺ 成语与数学谜（一）☺☺☺.

数学谜是一种特殊形式的谜语，数学谜即是专门以汉字数字或
阿拉伯数字及其排列、运算等方式和思路作谜面的文义谜，数学谜
分为数字谜、运算谜、方程谜和数字术语符号谜。请分别猜射出下
列数学谜面成语谜语的谜底。

1. 2，4，6，8，10； 2. 99（红豆格谜）； 3. 2.5； 4. 3.4（或3.5)；
5. 99➔1； 6. 一，三，五，七，九； 7. 十二二十； 8. 一7I8；

9．7/8；10．>8；11．✓8；12．78；13．七，八；14．十；
15．12345609；16．7086；17．3，4，5，6；18．5/4；
19．0+0≠0；20．一，二，五，六；21．百，千，亿；22．十，千，万；
23．2+3；24．8，8，8，8，8，8，……；25．369=？；26．3：0；
27．2/3；28．廿（二十）；29．1/3=？；30．1/10000；
31．1+1+1=9；32．10：0；33．35，35，35，……；34．1：1；
35．1111111111；36．卅（三十）╳卅（三十）；37．578z；
38．-300 分；39．23456789……；40．四；五；六、八、九（或
98654）。

♥♥♥ 答案链接 ♥♥♥→▶

1．无独有偶；2．百无一是，（解析：百无一，是；100 减去
1 等于 99，切合谜面）；3．接二连三；4．不三不四；5．九九归一；
6．无奇不有；7．势不两立；8．横七竖八；9．七上八下；10．横
七竖八；11．七颠八倒；12．七歪八扭；13．七青八黄；14．一
分为二；15．七零八落；16．七零八落；17．一干二净；18．四
分五裂；19．无中生有；20．丢三落四；21．万无一失，（解析：
"百千亿"缺少"一"和"万"）；22．一了百了；23．接二连
三；24．八字打开；25．三六九等；26．三战三北；27．三占从二；
28．一念之间（一刹那）；29．一隅三反；30．挂一漏万；31．举
一反三；32．十战十胜；33．三五成群；34．不相上下；35．独
一无二；36．三十年河东，三十年河西；37．乌七八糟；38．三尺法；
39．一发不可收；40．不管三七二十一，（解析：一、二、三、四、
五、六、七、八、九、十，这十个数字中缺少三、七、二、十、一
这五个数字）。

📖📖📖 7月31日 ☞☞☞

212 ☺☺☺ 根据歇后语猜成语人物谜 ☺☺☺.

请您先填写出下列歇后语的历史人物，然后再根据这些歇后语分别猜射出一条4字成语。

1. □□当太尉——□□□□；
2. □□上梁山——□□□□；
3. □□失荆州——□□□□；
4. □□舞大刀——□□□□；
5. □□杀伯奢——□□□□；
6. □□杀关公——□□□□；
7. □□借东风——□□□□；
8. □□拆桥板——□□□□；
9. □□进曹营——□□□□；
10. □□访周瑜——□□□□；
11. □□遇马超——□□□□；
12. □□打黄盖——□□□□；
13. □□杀华佗——□□□□；
14. □□抢大锤——□□□□；
15. □□战宛城——□□□□。

♥♥♥ 答案链接 ♥♥♥➡▶

1. 高俅当太尉——一步登天； 2. 林冲上梁山——官逼民反；
3. 关公失荆州——骄兵必败； 4. 关公舞大刀——拿手好戏；
5. 曹操杀伯奢——将错就错； 6. 孙权杀关公——嫁祸于人；
7. 孔明借东风——巧用天时； 8. 张飞拆桥板——有勇无谋；
9. 徐庶进曹营——一言不发； 10. 蒋干访周瑜——窥察动静；
11. 曹操遇马超——割须弃袍； 12. 周瑜打黄盖——两相情愿；
13. 曹操杀华佗——讳疾忌医； 14. 黄忠抢大锤——老当益壮；
15. 曹操战宛城——大败而逃。

☺☺☺ 八月 ▶ ▶ ▶

成语游戏人生，从今天开始！

📖📖📖 8 月 1 日 🌾🌾🌾

213 ☺☺☺ 填成语军民联欢喜庆"八一"☺☺☺.

为了热烈庆祝中国人民解放军"八一"建军节，请您在下面空方格内填入适当的字，使它们横向读组成 24 条 4 字成语。您能在 3 分钟内完成吗？您一定会胜利凯旋班师哦~~~！ yeah！

八□□□，一□□□，八□□□，一□□□，
八□□□，一□□□，八□□□，一□□□，
八□□□，一□□□，八□□□，一□□□，
□□八□，□□一□，□□八□，□□一□，
□□八□，□□一□，□□八□，□□一□，
□□八□，□□一□，□□八□，□□一□。

♥♥♥ 答案链接 ♥♥♥➜▶

八字打开，一技之长，八面见光，一马平川，
八面玲珑，一人耳目，八拜之交，一笑千金，
八斗之才，一表人才，八面威风，一臂之力，
七折八扣，一唱一和，七扭八歪，一干二方，
七手八脚，一言一行，七嘴八舌，一草一木，
七死八活，一心一意，七长八短，一生一世。

📖📖📖 8月2日 ☞☞☞

214 ☺☺☺ 趣填"八一"成语军民同乐 ☺☺☺.

请您在下图中填上恰当的字，使他们竖向读分别组成 16 条 4 字成语，您能在 3 分钟内填出来吗？"八一"成语乐逍遥，军民同乐填成语 Let's go➜

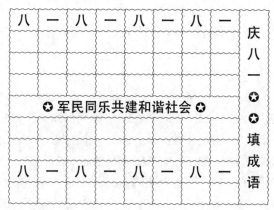

♥♥♥ 答案链接 ♥♥♥➜▶

八	一	八	一	八	一	八	一	庆
面	呼	仙	马	拜	字	方	往	八
来	百	过	当	之	之	呼	无	一
风	应	海	先	交	师	应	前	✪
✪ 军民同乐共建和谐社会 ✪								✪
四	一	七	一	七	一	半	一	填
面	步	上	张	零	心	斤	丝	成
八	一	八	一	八	一	八	一	语
方	鬼	下	弛	落	德	两	毫	

📖📖📖 8月3日 🍃🍃🍃

215 ☺☺☺ 数量谜与成语 ☺☺☺

数量谜是一种新兴的独特形式的谜语。数量谜是主要运用会意、离合等谜体来扣切谜面与数量间的关系的谜语。请把下列含有数量词谜的谜语分别猜射出相应的成语。

1．一斤；2．24小时；3．二脚；4．8分；5．共是650克；6．三点；7．九十分；8．84小时（或八十四小时）；9．150分钟；10．十个；11．二十四小时；12．五个手指头；13．不准超过15分钟；14．不为五斗米折腰；15．二斤；16．两个第一名；17．一块变九块；18．二十钱（重门格谜）；19．星期一又来到；20．四五个丑角；21．三只手表；22．三联单；23．一大；24．宁停三分，不抢一秒；25．双谜格；26．准生一个；27．一个；28．三人工作两人干；29．此地无银三百两；30．一人；31．唯我独品一枝花；32．正好60秒；33．六十一甲子；34．四十八小时；35．三百六十五夜；36．八月十五的月亮；37．大年初一（初一）；38．三处错误；39．三千年一开花；40．一笔画；41．-90里；42．改革开放30年；43．33天；44．百年大树，风刮不倒；45．千年松树；46．十口分离，十口回家；47．九寸（双勾格谜）；48．三人；49．十天跑完长城；50．加起来总共五句话。

♥♥♥ 答案链接 ♥♥♥→▶

1．独具匠心；2．一日之长；3．不一而足；4．化整为零；5．半斤八两；6．数一数二；7．得寸进尺；8．朝三暮四；9．时时刻刻；10．屈指可数；11．一朝一夕；12．三长两短；13．刻不容缓；14．穷当益壮；15．赔了夫人又折兵；（解析：二是"夫"字赔去了人，斤是"兵"字折损了下面的六的部分。）16．不相上下；17．四分五裂；18．一举两得；19．周而复始；20．九牛一毛；

21. 盗亦有道；22. 合而为一；23. 天作之合；24. 行当无事，一路福星；25. 两虎相斗；26. 不可造次；27. 不上不下；28. 一不做二不休；29. 不打自招；30. 大而化之；31. 孤芳自赏；32. 恰如其分；33. 一元复始；34. 日日夜夜；35. 一年半载；36. 平分秋色（正大光明）；37. 日新月异；38. 一差二错；39. 流芳百世；40. 毫无二致；41. 退避三舍；42. 变化万千；43. 三十三天；44. 根深蒂固；45. 粗枝大叶；46. 解甲归田；47. 寻根究底，得寸进尺；48. 乌合之众；49. 一日千里；50. 三言两语。

📖📖📖 8月4日 ✐✐✐

216 ☺☺☺ 智填趣味"不"字成语（二）☺☺☺

请您填充完整下列"不"字成语。

1. 参差不□；　2. 形影不□；　3. 一尘不□；　4. 拾金不□；

5. 一丝不□；　6. 怙恶不□；　7. 一成不□；　8. 一窍不□；

9. 一尘不□；　10. 一钱不□；　11. 一蹶不□；　12. 言无不□；

13. 川流不□；　14. 大逆不□；　15. 十恶不□；　16. 大惑不□；

17. 大谬不□；　18. 寸草不□；　19. 无所不□；　20. 六亲不□；

21. 为期不□；　22. 无奇不□；　23. 无微不□；　24. 从容不□；

25. 闻风不□；　26. 心照不□；　27. 并行不□；　28. 无恶不□；

29. 无坚不□；　30. 为富不□；　31. 川流不□；　32. 一毛不□；

33. 食古不□；　34. 无孔不□；　35. 先天不□；　36. 华而不□；

37. 坚贞不□；　38. 当仁不□；　39. 当断不□；　40. 自强不□；

41. 自惭不□；　42. 言行不□；　43. 坚韧不□；　44. 自顾不□；

45. 坚持不□；　46. 坐视不□；　47. 鸡犬不□；　48. 没齿不□；

49. 层出不□；　50. 坚定不□；　51. 取之不□；　52. 用之不□；

53. 玩世不□；　54. 良莠不□；　55. 其貌不□；　56. 执迷不□；

57. 百折不□；　58. 自命不□；　59. 百年不□；　60. 不明不□。

♥♥♥ 答案链接 ♥♥♥➜►

1. 齐；2. 离；3. 染；4. 昧；5. 挂；6. 悛；7. 变；8. 通；
9. 染；10. 值；11. 振；12. 尽；13. 息；14. 道；15. 赦；16. 解；
17. 然；18. 生；19. 在；20. 认；21. 远；22. 有；23. 至；24. 迫；
25. 动；26. 宣；27. 悖；28. 作；29. 摧；30. 仁；31. 息；32. 拔；
33. 化；34. 入；35. 足；36. 实；37. 屈；38. 让；39. 断；40. 息；
41. 如；42. 一；43. 拔；44. 暇；45. 懈；46. 救；47. 宁；48. 忘；
49. 穷；50. 移；51. 尽；52. 竭；53. 恭；54. 齐；55. 扬；56. 悟；
57. 挠；58. 凡；59. 遇；60. 白。

📖📖📖📖 8月5日 ☞☞☞

217 ☺☺☺ 填成语，列算式 ☺☺☺．

请在下面每一条成语的空方格内填入适当的字，把这些填入的字（或把这些被填入的中文数字更换成相应的阿拉伯数字）按顺序分别依次填入下列题项后面的中文表达法算式和阿拉伯数字算式相对应的空方格内和空括号里，把这些被填入的字连接成为中文表达法算式的一句话，看看算式结果是多少呢？并把这一阿拉伯数字算式简化一下，好吗？

□面楚歌，□人之危，□字街头，□疾遗类，□面威风，□人一等，□人成虎，有增无□，□竖为虐，变本□厉，□挥而就，□米下锅，□今为烈，□颠八倒。

中文算式：□□□□□□□□□□□□□□□。

阿 拉 伯 数 字 算 式： [（ ） （ ） （ ）] （ ） （ ） （ ） （ ） （ ） （ ） （ ） （ ） （ ）．

简化算式是：

♥♥♥ 答案链接 ♥♥♥→►

四面楚歌；乘人之危；十字街头；除疾遗类；八面威风；加人一等；三人成虎；有增无减；二竖为虐；变本加厉；一挥而就；等米下锅；于今为烈；七颠八倒。

中文算式：四乘十除八加三减二加一等于七。四乘十除八加三减二加一等于七。

阿拉伯数字算式：〔(4)(×)(10)〕(÷)(8)(+)(3)(-)(2)(+)(1)(=)(7)。

简化算式是：(4×10)÷8+3-2+1 = 7。

📖📖📖 8月6日 ☞☞☞

📖218 ☺☺☺ 成语与电影片名漏字谜 ☺☺☺

电影片名漏字谜是一种特殊的谜语，是一种益智有趣的填字游戏，是一种填字智力测试。有不少影片用成语命名，言简意赅，形象生动。请您在下面空格里填上适当的字，使其都可以组成4字成语，且每条成语都是一部电影片名称。

1. 一日千□；　2. 万水千□；　3. 峥嵘岁□；　4. 锦绣前□；

5. 当机立□；　6. 宁死不□；　7. 虎口余□；　8. 破除迷□；

9. 好事多□；　10. 万紫千□；　11. 万家灯□；　12. 啼笑皆□；

13. 人欢马□；　14. 笑逐颜□；　15. 暗无天□；　16. 归心似□；

17. 皆大欢□；　18. 顾此失□；　19. 天罗地□；　20. 原形毕□；

21. 枯木逢□；　22. 春兰秋□；　23. 花好月□；　24. 锦上添□；

25. 志同道□；　26. 欢天喜□；　27. 青春似□；　28. 碧海丹□；

29. 繁花似□；　30. 柳暗花□；　31. 钦差大□；　32. 旭日东□；

33. 龙马精□；　34. 大雁北□；　35. 无事生□；　36. 生财有□；

37. 牛郎织□；　38. 开天辟□；　39. 风流千□；　40. 龙争虎□；

41. 患难之□；　42. 不速之□；　43. 星星之□；　44. 暴风骤□；

45. 称心如□；46. 龙飞风□；47. 乘风破□；48. 鹏程千□；
49. 快马加□；50. 车水马□；51. 南征北□；52. 笑里藏□；
53. 前程万□；54. 重归于□；55. 大路朝□；56. 喜从天□；
57. 似水流□；58. 单刀赴□；59. 浪迹天□；60. 枯木逢□。

♥♥♥ 答案链接 ♥♥♥→▶

1. 一日千里；2. 万水千山；3. 峥嵘岁月；4. 锦绣前程
5. 当机立断；6. 宁死不屈；7. 虎口余生；8. 破除迷信
9. 好事多磨；10. 万紫千红；11. 万家灯火；12. 啼笑皆非
13. 人欢马叫；14. 笑逐颜开；15. 暗无天日；16. 归心似箭
17. 皆大欢喜；18. 顾此失彼；19. 天罗地网；20. 原形毕露
21. 枯木逢春；22. 春兰秋菊；23. 花好月圆；24. 锦上添花
25. 志同道合；26. 欢天喜地；27. 青春似火；28. 碧海丹心
29. 繁花似锦；30. 柳暗花明；31. 钦差大臣；32. 旭日东升
33. 龙马精神；34. 大雁北飞；35. 无事生非；36. 生财有道
37. 牛郎织女；38. 开天辟地；39. 风流千古；40. 龙争虎斗
41. 患难之交；42. 不速之客；43. 星星之火；44. 暴风骤雨
45. 称心如意；46. 龙飞风云；47. 乘风破浪；48. 鹏程千里
49. 快马加鞭；50. 车水马龙；51. 南征北战；52. 笑里藏刀
53. 前程万里；54. 重归于好；55. 大路朝天；56. 喜从天降
57. 似水流年；58. 单刀赴会；59. 浪迹天涯；60. 枯木逢春。

📖📖📖 8月7日 ▶▶▶

219 ☺☺☺ 趣填成语组地名成语（三）☺☺☺.

下面每一组成语中都带有一个地名，或是某国家地名，或是某国家某省份地名（行政区划），或是某国家某大城市的地名，或是某国家某中小城市的地名。请您在下面每一组成语空格内填上适当的字，使每组成语每一横行都成为一条带有某地名的成语。

1. 一技之□□里淘金；　2. 来日方□□风得意；
3. 口若悬□□辕北辙；　4. 丢三落□□流不息；
5. 跃然纸□□阔天空；　6. 夜以继□□性难移；
7. 寿比南□□奔西走；　8. 势均力□□春白雪；
9. 蒸蒸日□□誓山盟；　10. 半黄半□□市蜃楼；
11. 穿云裂□□下风光；　12. 铁案如□□扶西倒；
13. 泥多佛□□类龙鸾；　14. 泥牛入□□是心非；
15. 力疾从□□然处顺；　16. 以蠡测□□狐社鼠；
17. 人山人□□下之盟；　18. 抛砖引□□下风气；
19. 抛砖引□□碑立传；　20. 万古长□□流不息；
21. 天南海□□流不息；　22. 来日方□□里淘金；
23. 夜以继□□末倒置；　24. 源远流□□阔天空；
25. 不文不□□官威仪；　26. 挂一漏□□居乐业；
27. 爱人以□□色天香；　28. 如获至□□犬升天；
29. 天朗气□□远流长；　30. 自命清□□心壮志。

♥♥♥ 答案链接 ♥♥♥→▶

1. 一技之 长沙 里淘金；　2. 来日方 长春 风得意；
3. 口若悬 河南 辕北辙；　4. 丢三落 四川 流不息；
5. 跃然纸 上海 阔天空；　6. 夜以继 日本 性难移；
7. 寿比南 山东 奔西走；　8. 势均力 衡阳 春白雪；
9. 蒸蒸日 上海 誓山盟；　10. 半黄半 青海 市蜃楼；
11. 穿云裂 石林 下风光；　12. 铁案如 山东 扶西倒；
13. 泥多佛 大连 类龙鸾；　14. 泥牛入 海口 是心非；
15. 力疾从 公安 然处顺；　16. 以蠡测 海城 狐社鼠；
17. 人山人 海城 下之盟；　18. 抛砖引 玉林 下风气；
19. 抛砖引 玉树 碑立传；　20. 万古长 青川 流不息；
21. 天南海 北川 流不息；　22. 来日方 长沙 里淘金；

23. 夜以继 日本 末倒置； 24. 源远流 长海 阔天空；
25. 不文不 武汉 官威仪； 26. 挂一漏 万安 居乐业；
27. 爱人以 德国 色天香； 28. 如获至 宝鸡 犬升天；
29. 天朗气 清源 远流长； 30. 自命清 高雄 心壮志。

📖📖📖 8月8日 ☞☞☞

220 ☺☺☺ 根据4大名著歇后语典故猜成语 ☺☺☺.

请您根据下列有关4大名著的每一条歇后语典故（故事），在每一条歇后语典故（故事）后面注释部分分别猜射并填入相应的成语。

1. 刘备借荆州—— ；
2. 关云长面前舞大刀—— ；
3. 孙权用兵—— ；
4. 吕布拜董卓—— ；
5. 貂蝉百般迎合献媚—— ；
6. 关羽在曹操处做汉寿侯—— ；
7. 诸葛亮的穿戴—— ；
8. 周郎妙计安天下—— ；
9. 扶不起的蜀后主刘禅—— ；
10. 蜀国晚期老将故去，起用廖化作先锋—— ；
11. 曹操挟持天子汉献帝以号令天下—— ；
12. 孙权杀关羽—— ；
13. 刘备摔阿斗—— ；
14. 关公走麦城—— ；
15. 献密计黄盖受刑—— ；
16. 美髯公千里赴宴走单骑—— ；
17. 孔明用兵—— ；

18. 徐庶得知其母被曹操接去当人质——　　　　；

19. 诸葛亮议论南京地势——　　　　；

20. 关公面前耍大刀——　　　　；

21. 诸葛亮走出卧龙——　　　　；

22. 孔明挥泪斩马谡——　　　　；

23. 美髯公义释雷横——　　　　；

24. 孔明何计离南屏——　　　　；

25. 诸葛亮借箭——　　　　；

26. 关云长英年早逝——　　　　；

27. 诸葛亮放孟获——　　　　；

28. 东吴招亲——　　　　；

29. 周瑜打黄盖——　　　　；

30. 宋江的眼泪——　　　　；

31. 李逵穿针引线——　　　　；

32. 潘金莲给武松敬酒——　　　　；

33. 贾宝玉出家——　　　　；

34. 贾宝玉看西厢——　　　　；

35. 林黛玉的身子——　　　　；

36. 林黛玉葬花——　　　　；

37. 刘姥姥进大观园——　　　　；

38. 刘姥姥出大观园——　　　　；

39. 王熙凤的为人——　　　　；

40. 林黛玉进贾府——　　　　；

41. 猪八戒过火焰山——　　　　；

42. 猪八戒扮装成新娘——　　　　；

43. 沙和尚挑担子——　　　　；

44. 孙悟空七十二变——　　　　；

45. 孙猴子坐天下——　　　　。

♥♥♥ 答案链接 ♥♥♥➔▶

1. 刘备借荆州——久假不归；
2. 关云长面前舞大刀——不自量力；
3. 孙权用兵——赔了夫人又折兵；
4. 吕布拜董卓——认贼作父；
5. 貂蝉百般迎合献媚——曲意奉迎；
6. 关羽在曹操处做汉寿侯——身在曹营心在汉；
7. 诸葛亮的穿戴——羽扇纶巾；
8. 周郎妙计安天下——赔了夫人又折兵；
9. 扶不起的蜀后主刘禅——乐不思蜀或阿斗；
10. 蜀国晚期老将故去，起用廖化作先锋——蜀中无大将，廖化作先锋；
11. 曹操挟持天子汉献帝以号令天下——犯上作乱；
12. 孙权杀关羽——嫁祸于人；
13. 刘备摔阿斗——假仁假义 或收买人心；
14. 关公走麦城——最后一招；
15. 献密计黄盖受刑——一个愿打，一个愿挨；
16. 美髯公千里赴宴走单骑——单刀直入；
17. 孔明用兵——虚虚实实；
18. 徐庶得知其母被曹操接去当人质——方寸已乱；
19. 诸葛亮议论南京地势——虎踞龙盘；
20. 关公面前耍大刀—— 不自量力；
21. 诸葛亮走出卧龙——初出茅庐；
22. 孔明挥泪斩马谡——忍痛割爱；
23. 美髯公义释雷横——放虎归山；
24. 孔明何计离南屏——看风使舵；
25. 诸葛亮借箭——草木皆兵；
26. 关云长英年早逝——红颜薄命；
27. 诸葛亮放孟获——欲擒故纵；

28. 东吴招亲——弄巧成拙；
29. 周瑜打黄盖——装模作样；
30. 宋江的眼泪——虚情假意；
31. 李逵穿针引线——粗中有细；
32. 潘金莲给武松敬酒——别有用心；
33. 贾宝玉出家——看破红尘；
34. 贾宝玉看西厢——戏中有戏；
35. 林黛玉的身子——弱不禁风；
36. 林黛玉葬花——自叹命薄或红颜薄命；
37. 刘姥姥进大观园——少见多怪；
38. 刘姥姥出大观园——满载而归；
39. 王熙凤的为人——两面三刀；
40. 林黛玉进贾府——谨小慎微；
41. 猪八戒过火焰山——倒打一耙；
42. 猪八戒扮装成新娘——其貌不扬；
43. 沙和尚挑担子——忠心耿耿；
44. 孙悟空七十二变——神通广大；
45. 孙猴子坐天下——毛手毛脚。

8月9日

221 ☺☺☺ 成语加法算式闯关 ☺☺☺

请在下列数字成语的各个相应方格内分别填上适当的数字，使这些成语的加法运算等式成立，并把左边的成语加法等式和右边的数字加法算式连接起来，祝您闯关成功。

□三其德 + □面楚歌 = □亲不认，　2+1=3；
□姓之好 + □亲不认 = □面见光，　2+7=9；
□分明月 + □上八下 = □死一生，　5+1=6；

□拜之交 + □缶钟惑 = □步芳草， 8+1=9；

□面呼应 + □触即发 = □鼎大吕， 2+6=8；

□足鼎立 + □人成虎 = □尺之孤， 8+2=10；

□日京兆 + □往无前 = □亲无靠， 6+2=8；

□神无主 + □满三平 = □面来风， 7+1=8；

□步之才 + □介书生 = □百孤寒， 3+3=6；

□元及第 + □口咬定 = □海承风， 2+4=6；

□龙戏珠 + □切有情 = □五成群， 0+1=1；

□敲碎打 + □事无成 = □片丹心， 3+1=4；

□从□德 + □海□家 = □面□方， （5+6）+（5+4）=10+10；

□颜□色 + □湖□海 = □全□美， （7+8）+（3+1）=10+9；

□上□下 + □位□体 = □室□空， （3+4）+（4+1）=4+8。

♥♥♥ 答案链接 ♥♥♥→▶

二三其德 + 四面楚歌 = 六亲不认， 2+4 = 6；

二姓之好 + 六亲不认 = 八面见光， 2+6 = 8；

二分明月 + 七上八下 = 九死一生， 2+7 = 9；

八拜之交 + 二缶钟惑 = 十步芳草， 8+2 = 10；

八面呼应 + 一触即发 = 九鼎大吕， 8+1 = 9；

三足鼎立 + 三人成虎 = 六尺之孤， 3+3 = 6；

五日京兆 + 一往无前 = 六亲无靠， 5+1 = 6；

六神无主 + 二满三平 = 八面来风， 6+2 = 8；

七步之才 + 一介书生 = 八百孤寒， 7+1 = 8；

三元及第 + 一口咬定 = 四海承风， 3+1 = 4；

二龙戏珠 + 一切有情 = 三五成群， 2+1 = 3；

零敲碎打 + 一事无成 = 一片丹心， 0+1 = 1；

三从四德 + 四海一家 = 四面八方， （3+4）+（4+1）= 4+8；

五颜六色 + 五湖四海 = 十全十美， （5+6）+（5+4）= 10+10；

七上八下 + 三位一体 = 十室九空， （7+8）+（3+1）= 10+9。

📖📖📖📖 8月10日 ☜☜☜

【222】 ☺☺☺ 成语减法算式闯关 ☺☺☺.

请在下列数字成语各个相应的方格内分别填上适当的数字，使这些成语的减法运算等式成立，并把左边的成语减法等式和右边的数字减法算式连接起来，祝您闯关成功！

□神无主－□缶钟惑＝□海为家，　　6－2＝4；

□面来风－□面之识＝□上八下，　　8－1＝7；

□亲不认－□分明月＝□面楚歌，　　9－2＝7；

□死一生－□姓之好＝□拼八凑，　　2－1＝1；

□面见光－□意孤行＝□手八脚，　　8－1＝7；

□步芳草－□拜之交＝□三其德，　　10－1＝9；

□鼎大吕－□亲不认＝□年之艾，　　6－2＝4；

□尺之孤－□足鼎立＝□生有幸，　　6－1＝5；

□面来风－□亲无靠＝□竖为虐，　　10－8＝2；

□日京兆－□往无前＝□面楚歌，　　9－6＝3；

□面呼应－□触即发＝□步之才，　　8－4＝4；

□斗之才－□大皆空＝□郊多垒，　　10－3＝7；

□全十美－□人成虎＝□出之条，　　6－3＝3；

□年窗下－□发千钧＝□霄云外，　　8－1＝7；

□龙戏珠－□举两得＝□手托天，　　5－1＝4；

□马仰秣－□往无前＝□颜六色，　　8－1＝7；

□方呼应－□来二去＝□步之才，　(3+2)－(1+1)＝3；

□心□意－□模□样＝□人成虎，　　8－6＝2；

□发□中－□青□黄＝□海□家，　(3+9)－(5+6)＝1；

□教□流－□颜□色＝□一字千金；　(10+10)－(7+8)

＝4+1。

♥♥♥ 答案链接 ♥♥♥→▶

六神无主－二五钟惑＝四海为家，　6－2＝4；

八面来风－一面之识＝七上八下，　8－1＝7；

六亲不认－二分明月＝四面楚歌，　6－2＝4；

九死一生－二姓之好＝七拼八凑，　9－2＝7；

八面见光－一意孤行＝七手八脚，　8－1＝7；

十步芳草－八拜之交＝二三其德，　10－8＝2；

九鼎大吕－六亲不认＝三年之艾，　9－6＝3；

六尺之孤－三足鼎立＝三生有幸，　6－3＝3；

八面来风－六亲无靠＝二竖为虐，　8－6＝2；

五日京兆－一往无前＝四面楚歌，　5－1＝4；

八面呼应－一触即发＝七步之才，　8－1＝7；

八斗之才－四大皆空＝四郊多垒，　8－4＝4；

十全十美－三人成虎＝七出之条，　10－3＝7；

十年窗下－一发千钧＝九霄云外，　10－1＝9；

二龙戏珠－一举两得＝一手托天，　2－1＝1；

六马仰秣－一往无前＝五颜六色，　6－1＝5；

八方呼应－一来二去＝七步之才，　8－1＝7；

三心二意－一模一样＝三人成虎，　(3+2) － (1+1) ＝ 3；

十发十中－七青八黄＝四海一家，　(10+10) － (7+8) ＝ 4+1；

三教九流－五颜六色＝一字千金，　(3+9) － (5+6) ＝ 1。

📚📚📚 8 月 11 日 ☞☞☞

223 ☺☺☺ 成语与数学谜（二）☺☺☺.

　　数字成语谜是一种特殊形式的谜语，他是用数字作谜面的谜语，属于数学谜的范畴。请猜射出下列数字谜面成语谜语的谜底。

1．二四六八十（2．4．6．8．10．……）；2．8384；
3．33333333333355555555555555555555；4．4/3＝？；5．1/100；
6．3：0；　　7．三三三，三三三，三三三，……；）；五五五；
五五五；五五五，…；）；8．什一（十分之一）；9．十百千；
10．10000÷10；　　11．卅（四十）；　　12．十九；　　13．12₃₄56；
14．1，2，3，4，5，6，7，8，9……；15．100×10×10；
16．三三三，四四四；17．读九九；18．什（十）（掉头格谜）；
19．九千九百九十九（或9999）；20．二除七（或二分之七）；
21．卅（三十）；　22．五四五四须牢记；23．九六（或六九）；
24．1÷1；25．5，10；　26．——一一；27．7＝7，8＝8；
28．10＋5＝；29．9－8＝；30．100×10 与100×100；31．5/10＝；
32．3×7＝21；33．1/E；34．1/10000；35．10000＝1；36．105

♥♥♥ 答案链接 ♥♥♥→▶

1．无独有偶；2．屈指可数；3．三五成群；4．不三不四；
5．百里挑一；6．三战三北；7．三五成群；8．九死一生；9．万
无一失；10．千变万化；11．四海一家（一谦四益）；12．一念
之差；13．低三下四；14．无穷无尽；15．成千上万，（解析：
100×10＝1000，扣"成千"，100×10×10＝10000，扣"上万"）；
16．横三竖四；17．一呼百应；18．下车伊始；19．万无一失；
20．不三不四；21．举一反三；22．年年不忘；23．七上八下；
24．始终如一；25．一五一十；26．承上启下；27．丁是丁，卯是
卯；28．一五一十；29．一字之差；30．成千上万；31．拔十得五；
32．不管三七二十一；33．举一反三；34．挂一漏万；35．以一知
万，以一持万，万口一谈；36．一百五日。

8月12日

224 ☺☺☺ 趣填 "大（）小（）" 句式成语 ☺☺☺.

请把下列 "大（）小（）" 句式成语填写完整。

大（）小（），大（）小（），大（）小（），大（）小（），
大（）小（），大（）小（），大（）小（），大（）小（），
大（）小（），大（）小（），大（）小（），大（）小（）。

♥♥♥ 答案链接 ♥♥♥→▶

大（同）小（异），大（呼）小（叫），大（山）小（山），大（醇）小（疵），大（题）小（做），大（材）小（用），大（器）小（用），大（受）小（知），大（男）小（女），大（街）小（巷），大（惊）小（怪），大（法）小（廉）。

8月13日

225 ☺☺☺ "三" 字数字成语填空谜 ☺☺☺.

请在括号内填入适当的字，把下面含有 "三" 字的数字成语补充完整。

1. 三（）两（）； 2. 三（）二（）； 3. 三（）四（）；

4. 三（）五（）； 5. 三（）六（）； 6. 三（）九（）；

7. 三（）两（）； 8. 三（）五（）； 9. 三（）五（）；

10. 三（）六（）； 11. 三（）九（）； 12. 三（）六（）；

13. 三（）五（）； 14. 三（）九（）； 15. 三（）半（）；

16. 三五（）（）； 17. 三（）三（）； 18. 三（）一（）；

19. 三（）两（）； 20. 三（）（）二； 21. 三十（）（）；

22. 三（）二（）； 23. 三（）五（）； 24. 三（）六（）；

25. 三（）四（）；26. 三（）五（）；27. （）二（）三；

28. （）五（）三；29. （）三（）四；

30. 三（）五（）二；31. 一（）三（）（）；

32. 五（）三（）；33. （）三（）四；34. 六（）三（）；

35. 一（）三（）；36. （）三（）两；

37. 三十六（），（）（）（）（）；

38. 三（）（）（）（）（）；

39. 三（）（）（），七（）（）（）；

40. 三（）（）（），（）（）一（）（）（）（）。

♥♥♥ 答案链接 ♥♥♥→▶

1. 三（长）两（短）； 2. 三（心）二（意）； 3. 三（从）四（德）；

4. 三（令）五（申）； 5. 三（头）六（臂）； 6. 三（教）九（流）；

7. 三（言）两（语）； 8. 三（衅）三（浴）； 9. 三（纲）五（常）；

10. 三（班）六（房）； 11. 三（旬）九（食）； 12. 三（十）六（行）；

13. 三（三）五（五）； 14. 三（六）九（等）； 15. 三（更）半（夜）；

16. 三五（成）（群）； 17. 三（十）三（天）； 18. 三（位）一（体）；

19. 三（三）两（两）； 20. 三（占）（从）二； 21. 三十（而）（立）；

22. 三（平）二（满）； 23. 三（坟）五（典）； 24. 三（头）六（臂）；

25. 三（朋）四（友）； 26. 三（番）五（次）； 27. （接）二（连）三；

28. （咸）五（登）三； 29. （朝）三（暮）四；

30. 三（下）五（除）二； 31. 一（问）三（不）（知）；

32. 五（大）三（粗）； 33. （不）三（不）四； 34. 六（街）三（市）；

35. 一（板）三（眼）； 36. （着）三（不）（着）两；

37. 三十六（策），（走）为（上）（计）；

38. 三（人）（行）（必）（有）（我）（师）；

39. 三（分）（像）（人），七（分）（象）（鬼）；

40. 三（个）（臭）（皮）（匠），（合）（成）一（个）（诸）（葛）（亮）。

📖📖📖📖 8月14日 ☞☞☞☞

226 ☺☺☺ 看字画趣猜成语 ☺☺☺.

下面大图格中有 30 幅字画，每一幅都代表一条成语，请您根据下面 30 幅字画中文字排列位置等特点猜射出 30 条 4 字成语。您 3 分钟内猜出来了吗？请听好口令 Three—two—one--go➔➔

1. 国 国通国 国	2. 患 患忧患 患	3. 强 强干强 强	4. 心 心数心 心	5. 无 无有无 无
6. 其 其乐其 其	7. 合 合应合 合	8. 秀 秀慧秀 秀	9. 圆 圆方圆 圆	10. 连 连勾连 连
11. 刚 刚柔刚 刚	12. 鸡 鸡鹤鸡 鸡	13. 柔 柔刚柔 柔	14. 轻 轻重轻 轻	15. 调 调查调 调
16. 星 星月星 星	17. 粗 粗细粗 粗	18. 爬 爬吃爬 爬	19. 诗 诗画诗 诗	20. 急 急智急 急
21. 进 进出进 进	22. 愚 愚智愚 愚	23. 笑 笑刀笑 笑	24. 锥 锥囊锥 锥	25. 日 日市日 日
26. 身 身事身 身	27. 肆 肆闳肆 肆	28. 枭 枭凤枭 枭	29. 裤 裤虱裤 裤	30. 胸 胸数胸 胸

♥♥♥ 答案链接 ♥♥♥➔▶

1. 里通外国； 2. 内忧外患； 3. 外强中干； 4. 心中有数；

5. 无中生有； 6. 乐在其中； 7. 里应外合； 8. 秀外慧中；

9. 外圆内方；10. 里勾外连；11. 外刚内柔；12. 鹤立鸡群；
13. 外柔中刚；14. 内重外轻；15. 内查外调；16. 众星捧月；
17. 粗中有细；18. 吃里爬外；19. 诗中有画；20. 急中生智；
21. 里出外进；22. 外愚内智；23. 笑里藏刀；24. 锥处囊中；
25. 日中为市；26. 置身事外；27. 闳中肆外；28. 放象囚凤；
29. 虱处裈中；30. 胸中有数。

📖📖📖 8月15日 ☞☞☞

227 ☺☺☺ 精挑细选成语对号入座 ☺☺☺.

请选择下面成语，分别填入下面每一段文字的括号中，使其与相匹配的成语对号入座。

一帆风顺，一挥而就，粗心大意，炉火纯青，一丝不苟，粗制滥造，得心应手，深思熟虑，运用自如，大功告成。

1. 下笔千言，（ ）的情形也许是有的，但如果不是（ ），那至少有两个条件：第一，是对书面语言这种工具运用得十分熟练，能够（ ）；第二，更重要的是，所表达的思想已经酝酿的说法完全成熟，连一切细节都考虑到了，达到（ ）（ ）的程度。

2. 世界上任何一个科学实验并不是（ ）的，由于小李同学的（ ），导致一次科学实验失败；在这一次科学实验中，小李同学总结了上一次实验的教训，在科学实验中切实做到（ ），经过小李同学的（ ）苦心钻研，这次科学实验终于（ ）。

♥♥♥ 答案链接 ♥♥♥→▶

1. 下笔千言，（一挥而就）的情形也许是有的，但如果不是（粗制滥造），那至少有两个条件：第一，是对书面语言这种工具运用得十分熟练，能够（得心应手）；第二，更重要的是，所表达的思想已经酝酿的说法完全成熟，连一切细节都考虑到了，达到（炉火纯青)(运用自如)的程度。

2. 世界上任何一个科学实验并不是（一帆风顺）的，由于小李同学的（粗心大意），导致上一次科学实验失败；在这次科学实验中，小李同学总结了上一次实验的教训，在科学实验中切实做到（一丝不苟），经过小李同学（深思熟虑）苦心钻研，这次科学实验终于（大功告成）。

8月16日

228 ☺☺☺ "心心相连" 填字组成语 ☺☺☺.

请在下图方格中填入恰当的字，使每一横行分别都组成含有"心"字的"心心相连"成语。（总计16条"心"字4字成语。）

心	心						心	心					心		心
心		心				心		心	心					心	
相			心		心					心			心		
联			心	心						心	心				

♥♥♥ 答案链接 ♥♥♥➜▶

心	心	慈	手	软	独	具	匠	心	心	驰	神	往	将	心	比	心
心	归	心	似	箭	语	重	心	长	心	心	相	印	见	猎	心	喜
相	铁	石	心	肠	处	心	积	虑	口	是	心	非	臣	心	如	水
联	赤	胆	忠	心	心	满	意	足	天	地	良	心	心	甘	情	愿

📖📖📖 8 月 17 日 ☞☞☞

229 ☺☺☺ 填歇后语巧接成语 ☺☺☺

　　歇后语极其富有表现力,这种语言形式前后两部分之间存在"引子"和"注释"的关系,歇后语幽默风趣,妙趣横生。请根据下列歇后语的上句,3 分钟内在每一组破折号后面用成语接出下句。快快行动吧! 看看谁做得又好又快呢。现在开始计时——Let's Go➜

1. 鸡给黄鼠狼拜年—— 。
2. 八个好汉划拳—— 。
3. 救护车拉笛—— 。
4. 掐了头的树苗—— 。
5. 经霜的黄豆菜—— 。
6. 小媳妇见到恶婆婆—— 。
7. 阿庆嫂倒茶—— 。
8. 抵门杠做牙签—— 。
9. 挨了拳打的狗—— 。
10. 竹林里试梨—— 。
11. 爱好跳伞运动—— 。
12. 哥俩一起进班房—— 。
13. 秃子打伞—— 。
14. 狗吠月亮—— 。
15. 羊进狼窝—— 。
16. 狐狸钻罐子—— 。
17. 隔岸观火—— 。
18. 猴子戴手套—— 。
19. 画笔敲鼓—— 。
20. 泥菩萨过河—— 。
21. 蚕儿吐丝—— 。

♥♥♥ 答案链接 ♥♥♥→▶

1. 鸡给黄鼠狼拜年——自投罗网；

2. 八个好汉划拳——三令五申；

3. 救护车拉笛——一鸣惊人； 4. 掐了头的树苗——节外生枝；

5. 经霜的黄豆荚——四分五裂；

6. 小媳妇见到恶婆婆——提心吊胆；

7. 阿庆嫂倒茶——滴水不漏； 8. 抵门杠做牙签——大材小用；

9. 挨了拳打的狗——气急败坏；10. 竹林里试梨——寸步难行；

11. 爱好跳伞运动——从天而降；

12. 哥俩一起进班房——难兄难弟；

13. 秃子打伞——无法无天； 14. 狗吠月亮——少见多怪；

15. 羊进狼窝——九死一生； 16. 狐狸钻罐子——露头露脚；

17. 隔岸观火——袖手旁观； 18. 猴子戴手套——毛手毛脚；

19. 画笔敲鼓——有声有色； 20. 泥菩萨过河——自身难保；

21. 蚕儿吐丝——作茧自缚。

📖📖📖📖 **8月18日** ☞☞☞

230 ☺☺☺ **10×10 快乐成语接龙谜阵** ☺☺☺.

十全十美，完美无瑕。这个 10×10 快乐成语接龙谜阵是由 30 条 4 字成语接龙而成。请"披坚执锐""横刀立马"去闯谜宫阵玩穿越吧 → 亮出来您的精彩才艺吧！ → 请在下面 10×10 快乐成语接龙谜阵中的空方格内填入适当的字。有点难度吧，一定要 Hiod 住哦！相信您一定会成功穿越这个 10×10 快乐成语接龙谜阵的！

一	好		鸟			上		屈	凤
百	同	好	笼	能	弦	下	不	打	威
五	诸	先	鱼	择	在	同	死	成	麟

丽	从	生	汤	石	似	安	康	财	呈
风	疾	世	城	心	心	理	寿	进	凤
而	协	道	铁	肥	而	天	载	马	马
不	心	人	如	脑	载	独	德	香	水
同			心	满	满	厚			车

♥♥♥ 答案链接 ♥♥♥→▶

一	好	好	鸟	鸟	上	上	屈	屈	凤
百	同	好	笼	能	弦	下	不	打	威
五	诸	先	鱼	择	在	同	死	成	麟
日	公	生	池	木	箭	心	宁	招	祥
丽	从	生	汤	石	似	安	康	财	呈
风	疾	世	城	心	心	理	寿	进	凤
和	力	世	石	肠	归	得	福	宝	龙
而	协	道	铁	肥	而	天	载	马	马
不	心	人	如	脑	载	独	德	香	水
同	同	心	心	满	满	厚	厚	车	车

📖📖📖 **8月19日** 𝄞𝄞𝄞

231 ☺☺☺ **趣填数字成语** ☺☺☺.

请在下面方格里填入适合的数字，组成有趣的"零～十"的数字成语。

鸡□狗碎，□穷□白，□日□秋，□言□鼎，

□夕□朝，□满□平，□姓之好，□□其德，

□□成群，　□纲□常，　□海承风，　□海□家，

□大□粗，　□行并下，　□黄□月，　□月飞霜，

□街□市，　□通□辟，　□出之条，　□死□活，

□折□扣，　□青□黄，　□面威风，　□字打开，

□□春光，　□原可作，　□□归一，　□亲□故，

□荡□决，　□指连心。

♥♥♥ 答案链接 ♥♥♥→▶

鸡零狗碎，　一穷二白，　一日三秋，　一言九鼎，

一夕一朝，　二满三平，　二姓之好，　二三其德，

三五成群，　三纲五常，　四海承风，　四海一家，

五大三粗，　五行并下，　五黄六月，　六月飞霜，

六街三市，　六通四辟，　七出之条，　七死八活，

七折八扣，　七青八黄，　八面威风，　八字打开，

九十春光，　九原可作，　九九归一，　十亲九故，

十荡十决，　十指连心。

📖📖📖 8 月 20 日 ☞☞☞

232 ☺☺☺ 添笔画换新颜成语游戏 ☺☺☺.

请您在下面大图画集中每一组里的 4 个汉字上添加一笔（笔画）或者两笔（笔画），使每一组添加笔画后的 4 个新字都可以组成一条 4 字成语。

1. 囚 人□八 夫	2. 口 竺□一 二	3. 二 中□今 王	4. 白 火□牛 目	5. 小 王□日 白

6. 兀 木□兀 木	7. 乒 刀□小 皿	8. 人 口□大 日	9. 小 口□二 小	10. 小 口□贝 大
11. 人 味□口 二	12. 贝 万□竿 人	13. 口 币□口 力	14. 曰 右□口 木	15. 二 一□口 人
16. 日 厂□小 只	17. 白 十□午 人	18. 喑 口□□元 大	19. 大 又□卜 元	20. 十 十□万 白
21. 卜 列□小 力	22. 卜 土□卜 几	23. 冉 口□二 冉	24. 人 力□冇 乍	25. 到 囚□呆 力

♥♥♥ 答案链接 ♥♥♥→▶

1. 因小失大；　2. 日上三竿；　3. 三令五申；　4. 自生自灭；

5. 不由自主；　6. 元元本本；　7. 兵不血刃；　8. 大天白日；

9. 不三不四；10. 不见天日；11. 个中三昧；12. 见笑大方；

13. 日中为市；14. 亘古未有；15. 三占从二；16. 目不识丁；

17. 百年大计；18. 暗无天日；19. 天下无双；20. 千方百计；

21. 下不为例；22. 仆仆风尘；23. 再三再四；24. 大有作为；

25. 倒果为因。

📚📚📚📚 **8月21日** ☞☞☞

📖**233** ☺☺☺ 成语中的 "动物世界" （二）☺☺☺.

　　成语中含有动物称谓的字共有 50 余种，最常用的动物名称是 "马"字（大部分系褒义词），最不常用的动物名称是"蜻蜓"、"鹬

蚌"、"螃蟹"、"鹡鸰"或"驴"、"虻"等字（在成语中分别
仅出现一次或两次），"他（她）们"个个"身怀绝技"，在成语中
的"动物世界"扮演着不同的角色适时闪亮登场。请在下面每一条
成语的每个方格内填入相应的字，使其同每一条原有的两个动物名
称文字分别组成一条相应的成语，以升级扩容组建成语中的"动物
大世界"。（计100条成语。）

　　虎□蛇□，燕□莺□，龟□兔□，牛□蛇□，鲸□虎□，
□牛□马，兔□凫□，凫□雀□，鼠□狗□，□雀□鼠，
驴□狗□，□驴□马，鸡□狗□，□狗□虎，羊□虎□，
□犬□鸡，鸦雀□□，狼□狗□，鹤□鸡□，刻□类□，
鹰□狼□，□鸡□鹜，狼□虎□，□鹿□马，龙□虎□，
□龙□虎，□牛□马，□凤□麟，□鹬□鹰，□蛟□凤，
□鳖□龟，□龙□骥，麟□凤□，鸡□猴□，鹅□鸭□，
□枭□凤，□蝇□蛛，□熊□罴，□雌□鹤，□凤□鸾，
□鸡□鹜，□鹰□狗，熊□虎□，狐□□鹤，燕雀□□，
燕雁□□，羊□虎□，燕□莺□，鹤□鸡□，鹤□鸡□，
燕□虎□，羊□鸟□，羊□狼□，□龙□凤，鱼□鸟□，
□蝇□蛛，鸡□□凤，鸡□鹄□，鸡□牛□，□鸡□狗，
狗□□貂，鲸□牛□，□□龙蛇，□龙□鱼，虫□鼠□，
□□猿鹤，□鹄□凫，麟□凤□，□羊□狼，狼□豕□，
鸾□凤□，鸢□鱼□，□犀□象，鸟□翚□，□猫□虎，
□雀□蝉，□凫□乙，羊□狗□，□猪□狗，□羊□牛，
□鹿□□，□驴□□，蜻蜓□□，□□狮□，蚁□□□，
□□豚鱼，□牛□虻，□□□雀，□□螃蟹，鹿□□□，
□□□马，鹡鸰□□，猢狲□□□，鲇鱼□□□，
蚍蜉□□□，蚂蚁宝□□，鹿□□□□；麻雀□□，□□□□；
鹬蚌□□，□□□□；□□捕□，□□在后。

♥♥♥ 答案链接 ♥♥♥→►

虎头蛇尾，燕妒莺惭，龟毛兔角，牛鬼蛇神，鲸吞虎据，

土牛木马，兔起凫举，兔趋雀跃，鼠窃狗盗，罗雀掘鼠，

驴鸣狗吠，非驴非马，鸡鸣狗盗，乳狗噬虎，羊质虎皮，

陶犬瓦鸡，鸦雀无声，狼心狗肺，鹤立鸡群，刻鹄类鹜，

鹰视狼步，轻鸡爱鹜，狼吞虎咽，指鹿为马，龙腾虎跃，

云龙风虎，问牛知马，威凤祥麟，南鹞北鹰，腾蛟起凤，

援鳖失龟，攀龙附骥，祥麟威凤，杀鸡吓猴，鹅行鸭步，

放枭囚凤，飞蝇垂蛛，非熊非黑，孤雌寡鹤，寡凤孤鸾，

家鸡野鹜，飞鹰走狗，熊据虎峙，狐子野鹤，燕雀相贺，

燕雁代飞，羊入虎口，燕语莺声，鹤发鸡皮，鹤立鸡群，

燕颔虎颈，羊肠鸟道，羊狠狼贪，烹龙炮凤，鱼溃鸟散，

飞蝇垂蛛，鸡不及凤，鸡伏鹄卵，鸡尸牛从，偷鸡摸狗，

狗尾续貂，鲸吸牛饮，笔走龙蛇，白龙鱼服，虫臂鼠肝，

虫沙猿鹤，单鹄寡凫，麟角凤觜，使羊将狼，狼奔豕突，

鸾飘凤泊，鸢飞鱼跃，拔犀擢象，鸟革翚飞，照猫画虎，

黄雀伺蝉，越凫楚乙，羊头狗肉，泥猪癞狗，亡羊得牛，

逐鹿中原，跛驴之伍，蜻蜓点水，河东狮吼，蚁穴溃堤，

信及豚鱼，搏牛之虻，为丛驱雀，落汤螃蟹，鹿死谁手，

脱缰之马，鹪鹩一枝，猢狲入布袋，鲇鱼上竹竿，

蚍蜉撼大树，蚂蚁啃骨头，鹿死不择音；麻雀虽小，五脏齐全；

鹬蚌相争，渔翁得利；螳螂捕蝉，黄雀在后。

📖📖📖 8月22日 ✍✍✍

[234] ☺☺☺ 成语漏字谜 ☺☺☺.

　　漏字谜也叫空格谜、谜内谜。漏字谜是在谜面故意漏掉一个字或几个字，根据漏掉的字联想谜底的一种猜谜方法，其中要运用借

巧、烘托、增损等手法来猜射谜底。请根据下列漏字谜的特点，先填好空格内的字，再根据所填的字分别用一条成语填写并加以概括。

1. 雷□风□；　2. □鸡起舞；　3. □到成功；　4. 口是□非；
5. □谈怪论；　6. □滴□穿；　7. 一孔之□；　8. □单□只；
9. 绘□绘□；　10. □出惊人；　11. 日理万□；　12. 火车□□表；
13. 望□莫及；　14. □江春水向东流；　15. □关算尽太聪明；
16. □□长江滚滚来；　17. 我辈岂是蓬蒿□；
18. 相见时□别亦□；　19. 孤帆天□看；　20. 游□身上衣□；
21. □片孤城□仞山；　22. 赤橙□绿□蓝紫；
23. □君传语报平安；　24. 无可奈何□落去；
25. 四十年来□□。

♥♥♥ 答案链接 ♥♥♥→▶

1. 厉，行；厉行节约。2. 闻；前所未闻。3. 马；一马当先。
4. 心；有口无心。5. 奇；不足为奇。6. 水，石；水落石出。
7. 见；少见多怪。8. 形，影；藏形匿影。9. 声，色；不露声色。
10. 语；一语破的。11. 机；机不可失。12. 时，刻；无时无刻。
13. 尘；一尘不染。14. 一；一无所有。15. 机；机关用尽。
16. 不，尽；取之不尽。17. 人；后继有人。
18. 难，难；难解难分。19. 际；一望无际。20. 子；子虚乌有。
21. 一，万；万无一失。22. 黄，青；青黄不接。
23. 凭；不足为凭。24. 花；落花流水。
25. 家，国；国破家亡。

📖📖📖 8月23日 ☞☞☞

📖235 ☺☺☺ 寻对手填反义字组成语 ☺☺☺.

请在括号里填反义字 vs 组成成语。如：舍（近）求（远），等等。

1. 避（　）就（　）；2. 齿（　）舌（　）；3. 喜（　）厌（　）；
4. 声（　）击（　）；5. 似（　）而（　）；6. 不（　）则（　）；
7. 寻（　）觅（　）；8. 说（　）道（　）；9. 敌（　）我（　）；
10. 推（　）出（　）；11. 拈（　）怕（　）；12. 化（　）为（　）；
13. 喧（　）夺（　）；14. 弃（　）投（　）；15. 舍（　）求（　）；
16. 名（　）实（　）；17. 克（　）奉（　）；18. 因（　）得（　）；
19. 删（　）就（　）；20. 温（　）知（　）；21. 隐（　）扬（　）；
22. 扬（　）避（　）；23. 由（　）及（　）；24. 弃（　）图（　）；
25. 去（　）存（　）；26. 拨（　）反（　）；27. 兴（　）除（　）；
28. 藕（　）丝（　）；29. 承（　）启（　）；30. （　）尽（　）来；
31. （　）（　）两可；32. （　）独（　）偶；33. （　）龙（　）脉；
34. （　）因（　）果；35. （　）顾（　）盼；36. （　）古（　）今；
37. （　）床（　）梦。38. （　）争（　）斗；39. （　）为（　）用；
40. （　）同（　）异；41. （　）入（　）出；42. （　）奉（　）违；
43. （　）斩（　）奏；44. （　）离（　）别；45. （　）嘲（　）讽；
46. （　）秦（　）楚；47. （　）肉（　）食；48. （　）辕（　）辙；
49. （　）备（　）患；50. （　）（　）相关；51. 权衡（　）（　）；
52. 柳（　）花（　）；53. 口（　）心（　）；54. 百（　）俱（　）；
55. （　）正（　）邪；56. 化（　）为（　）；57. 患（　）患（　）；
58. 说（　）论（　）；59. （　）不敷（　）；60. 茹（　）涵（　）。

♥♥♥ 答案链接 ♥♥♥→▶

1. 重，轻；2. 亡，存；3. 新，旧；4. 东，西；5. 是，非；6.
进，退；7. 死，活；8. 长，短；9. 强，弱；10. 陈，新；11. 轻，
重；12. 险，夷；13. 宾，主；14. 暗，明；15. 本，末；16. 存，
亡；17. 己，公；18. 祸，福；19. 繁，简；20. 故，新；21. 恶，
善；22. 长，短；23. 表，里；24. 旧，新；25. 伪，真；26. 乱，
正；27. 利，弊；28. 断，连；29. 前，后；30. 苦，甘；31. 依，
违；32. 无，有；33. 来，去；34. 前，后；35. 左，右；36. 厚，

薄；37. 同，异；38. 明，暗；39. 古，今；40. 大，小；41. 深，浅；42. 阳，阴；43. 先，后；44. 生，死；45. 冷，热；46. 朝，暮；47. 弱，强；48. 南，北；49. 有，无；50. 休，戚；51. 利，弊；52. 暗，明；53. 是，非；54. 废，兴；55. 扶，祛；56. 险，夷；57. 得，失；58. 短，长；59. 入，出；60. 古，今。

📖📖📖📖 8月24日 ✍✍✍

236 ☺☺☺ 根据成语按要求猜谜语 ☺☺☺.

根据下列以成语为谜面的谜语，请按括号里的谜目要求分别猜射出相应的谜底。

1. 大智若愚；　　　　　　（猜中国电影片名一）。

2. 此地无声胜有声；　　　（猜中国电影片名一）。

3. 一言不发；　　　　　　（猜中国电影名一）。

4. 我以我血荐轩辕；　　　（猜国家级体育机构简称一）。

5. 赤胆忠心；　　　　　　（猜词牌一）。

6. 天下太平；　　　　　　（猜吉林地名一）。

7. 夸父逐日；　　　　　　（猜中国年号一）。

8. 咿呀学语；　　　　　　（猜文学体裁一）。

9. 轩然大波；　　　　　　（猜中国影视故事片名一）。

10. 锦绣前程；　　　　　　（猜中国影视故事片名一）。

11. 风调雨顺；　　　　　　（猜宋代文学家人名一）。

12. 鹦鹉学舌；　　　　　　（猜修辞手法名称谜一）。

13. 如胶似漆；　　　　　　（猜修辞手法名称谜一）。

14. 鸳鸯戏水；　　　　　　（猜修辞手法名称谜一）。

15. 风平浪静；　　　　　　（猜中国地名谜一）。

16. 一路平安；　　　　　　（猜中国地名谜一）。

17. 四季花开；　　　　　　（猜中国地名谜一）。

18. 三令五申;　　　　　　　　（猜《西游记》人物名称谜一）。

19. 百花争艳;　　　　　　　　（猜《水浒传》人物名称谜一）。

20. 艳压群芳;　　　　　　　　（猜《水浒传》人物名称谜一）。

21. 七步成诗;　　　　　　　　（猜《西游记》人物名称谜一）。

22. 夕阳西下;　　　　　　　　（猜中国地名谜一）。

23. 自相矛盾;　　　　　　　　（猜宋朝地名谜一）。

24. 顺其自然;　　　　　　　　（猜中国古代地名谜一）。

25. 夸夸其谈;　　　　　　　　（猜中国地名谜一）。

26. 凿壁偷光;　　　　　　　　（猜中国古代人名谜一）。

27. 千言万语;　　　　　　　　（猜字谜一）。

28. 风平浪静;　　　　　　　　（猜中国城市地名谜一）。

29. 双喜临门;　　　　　　　　（猜中国城市地名谜一）。

30. 千里相逢;　　　　　　　　（猜字谜一）。

31. 鞠躬尽瘁，死而后已;　　　（猜唐诗句一）。

32. 旭日东升;　　　　　　　　（猜中国地名谜一）。

33. 万家灯火;　　　　　　　　（猜中国电影片名一）。

34. 绝无仅有;　　　　　　　　（猜金融用语一）。

35. 一路平安;　　　　　　　　（猜保险用语一）。

36. 步履维艰;　　　　　　　　（猜法律用语一）。

37. 悬崖勒马;　　　　　　　　（猜法律用语一）。

38. 天罗地网;　　　　　　　　（猜法律用语一）。

39. 萧规曹随;　　　　　　　　（猜法律用语一）。

40. 日月争辉;　　　　　　　　（猜法律用语一）。

41. 金科玉律;　　　　　　　　（猜法律用语一）。

42. 杂乱无章;　　　　　　　　（猜法律用语一）。

43. 将错就错;　　　　　　　　（猜法律用语一）。

44. 邯郸学步;　　　　　　　　（猜法律用语二）。

45. 公说公有理，婆说婆有理;　　（各执一词)(猜法律用语一）。

♥♥♥ 答案链接 ♥♥♥→▶

1. 心灵深处；2. 绝唱；3. 沉默的人；4. 国家体委；5. 红情；6. 大安；7. 道光；8. 小说；9. 巨澜；10. 五彩路；11. 文天祥；12. 仿词；13. 粘连；14. 对偶；15. 宁波；16. 旅顺；17. 长春；18. 八戒；19. 花荣；20. 王英；21. 普济；22. 洛阳；23. 开封；24. 应天；25. 海口；26. 孔明；27. 够；28. 宁波；29. 重庆；30. 重；31. 春蚕到死丝方尽，蜡炬成灰泪始干；32. 丹阳；33. 城市之光；34. 存单；35. 保险单；36. 无行为能力；37. 紧急避险；38. 人身自由；39. 法定继承；40. 比照；41. 成文法；42. 不成文法；43. 过继；44. 法人，行为；45. 辩论。

📖📖📖📖 8月25日 ☞☞☞

⌨237 ☺☺☺ 成语与人名（四）☺☺☺

古人有"万贯求一名"、"赐子千金，不如赐子好名"之说，好名字是父母赐给儿女的第一份人生礼物。人名是人的"品牌"，是代表一个人的特殊符号。人名决定人生，人名艺术与每个人都有着密切的关系，好的名字内涵十分丰富，起一个吉祥如意旺运一生的好名字本身就是一种学问，人名艺术绝不是符号或标记所能涵盖得了的，名字是与历史、社会和文化紧密相连的，好的名字是人的骄傲，融知识、智慧、趣味、技巧于一名，美名行好运，好运旺一生，它能助您成功在即，受益终身，它既蕴涵着丰富的经验，又可作为美名制作的良师益友成功范例，某些人的名字是与成语密切相关的，请您猜一猜下列人的姓名分别取自于哪些成语呢？

1. 陈福寿；2. 王立群；3. 平近人；4. 龚自珍；5. 沈致远；6. 陈残云；7. 华而实；8. 万籁鸣；9. 张大千；10. 陈独秀；11. 康有为；12. 杨秀清；13. 马三立；14. 金满堂；15. 辛延年；16. 连城；17. 陶成章；18. 李延寿；19. 马加；20. 高深；21. 谢

冰心；22. 万方；23. 王尽美；24. 阴长生；25. 申无畏；26. 颜延年；27. 陈登科；28. 张国民；29. 唐国强；30. 何（鹤）立群；31. 齐宝香；32. 贾连成；33. 柳如是；34. 郑成功；35. 程千帆；36. 武三思；37. 朱自清；38. 程志远；39. 毕必成；40. 余有为；41. 高行健；42. 孙可望；43. 毛（茅）顿开；44. 万家灯；45. 刚正；46. 杨（阳）春雪；47. 钟（众）志成；48. 屈可伸；49. 彭（蓬）璧辉；50. 戴星月；51. 张德馨；52. 张百发；53. 王捷三；54. 万众一；55. 万斯年；56. 马当先；57. 刘德重；58. 宋世雄；59. 郑（正）光明；60. 沈（身）力行；61. 石成金；62. 温知新；63. 居思危；64. 万长青；65. 马成功；66. 山水秀；67. 火银花；68. 明秋毫；69. 古今来；70. 左逢源；71. 平登天；72. 高攀龙；73. 安无恙；74. 龙虎斗；75. 任唯贤；76. 牛刀；77. 古色香；78. 豆如意；79. 李思齐；80. 李无言。

♥♥♥ 答案链接 ♥♥♥→►

1. 福寿康宁；2. 鹤立鸡群；3. 平易近人；4. 敝帚自珍；5. 负重致远（宁静致远）；6. 风卷残云；7. 华而不实（由成语"华而不实"改造而来）；8. 万籁俱寂；9. 大千世界；10. 一枝独秀；11. 大有作为（年轻有为）；12. 眉清目秀；13. 三足鼎立；14. 金玉满堂；15. 延年益寿；16. 一字连城；17. 出口成章（下笔成章）；18. 延年益寿；19. 快马加鞭；20. 高深莫测；21. 一片冰心；22. 仪态万方；23. 尽善尽美；24. 长生不老；25. 无所畏惧；26. 延年益寿；27. 五子登科；28. 国计民生；29. 国富民强；30. 鹤立鸡群；31. 怜香惜玉；32. 价（贾）值连城；33. 如是我闻；34. 功到自然成；35. 沉舟侧畔千帆过，病树前头万木春（千帆竞发）；36. 三思而后行；37. 清者自清，浊者自浊 38. 志当存高远；39. 有志者，事必成 40. 有所不为而后可以有为（大有作为）；41. 天行健，君子以自强不息；42. 可望而不可即；43. 茅塞顿开；44. 万家灯火；45. 刚正不阿 46. 阳春白雪；47. 众志成城；48. 能屈能伸；49. 蓬荜生辉；50. 披星戴月；51. 德艺双馨；52. 百发百中；53. 三战三捷；54. 万众一心；55. 亿万斯年；56. 一马当先；57. 德高望重；58. 一世之雄；59. 正大光明；60. 身体力行；61. 点石成金；62. 温故知新；63. 居安思危；64. 万古长青；65. 马到成功；66. 山清水秀；67. 火树银花；68. 明察秋毫；69. 古往今来；70. 左右逢源；71. 平步登天；72. 攀龙附凤；73. 安然无恙；74. 龙争虎斗；75. 任人唯贤；76. 牛刀小试；77. 古色古香；78. 万事如意；79. 见贤思齐；80. 桃李不言，下自成蹊。

📖📖📖📖 8月26日 ❦❦❦

[238] ☺☺☺ 成语单字注音行家 ☺☺☺.

请为下列成语中加下画线的字注音，限3分钟内完成。
破觚为圜，并行不悖，丢三落四，身陷囹圄，发人深省，阿谀奉承，舐犊情深，兔死狗烹，蓊蓊郁郁，言简意赅，怙恶不悛，破绽而出，脍炙人口，侃侃而谈，恶恶从短，千里迢迢，元恶大憝，良莠不齐，渟膏湛碧，鹑居鷇食。

♥♥♥ 答案链接 ♥♥♥→▶

破觚(gū)为圜(huán)，并行不悖(bèi)，丢三落(là)四(sì)，身陷囹圄(líng yǔ)，发人深省(xǐng)，阿(ē)谀(yú)奉承，舐犊情深，兔死狗烹(pēng)，蓊(wěng)蓊(wěng)郁(yù)郁(yù)，言简意赅(gāi)，怙(hù)恶不悛(quān)，破绽(zhàn)而出，脍炙(zhì)人口，侃(kǎn)侃(kǎn)而谈，恶(è)恶从短，千里迢(tiáo)迢(tiáo)，元恶大憝(duì)，良莠(yǒu)不齐，渟(tíng)膏湛碧，鷇(kòu)居鷇食。

8 月 27 日

239 ☺☺☺ 成语结构及其褒贬色彩 ☺☺☺.

请辨析下列成语的结构和褒贬色彩。

1. 杞人忧天；　2. 水中捞月；　3. 胸有成竹；　4. 万紫千红；

5. 枪林弹雨；　6. 冰清玉洁；　7. 不白之冤；　8. 不经之谈；

9. 不义之财；　10. 大器晚成；　11. 大言不惭；　12. 大义凛然；

13. 奉为楷模；　14. 奉公守法；　15. 绘声绘色；　16. 珠联璧合；

17. 含辛茹苦；　18. 花枝招展；　19. 助桀为虐；　20. 同舟共济；

21. 惴惴不安；　22. 奄奄一息；　23. 良师益友；　24. 谆谆告诫；

25. 良莠不齐；　26. 情投意合；　27. 露宿风餐；　28. 落落大方；

29. 奇形怪状；　30. 响彻云霄；　31. 摇头摆尾；　32. 摇摇欲坠；

33. 尧天舜日；　34. 不坏金刚；　35. 良师益友。

♥♥♥ 答案链接 ♥♥♥→▶

1. 主谓（成语结构，下均同），贬义（成语褒贬色彩，下均同）；
2. 主谓，贬义；3. 主谓，褒义；4. 联合，褒义；5. 联合，褒义；
6. 联合，褒义；7. 偏正，褒义；8. 偏正，褒义；9. 偏正，贬义；
10. 主谓，褒义；11. 主谓，贬义；12. 主谓，褒义；13. 动宾，
褒义；14. 联合，褒义；15. 联合，褒义；16. 联合，褒义；17. 联合，
褒义；18. 主谓，褒义；19. 主谓，褒义；20. 主谓，褒义；21. 偏正，
贬义；22. 偏正，褒义；23. 联合，褒义；24. 偏正，褒义；25. 主谓，
褒义；26. 联合，褒义；27. 联合，褒义；28. 偏正，褒义；29. 联合，
贬义；30. 动宾，褒义；31. 联合，贬义；32. 偏正，贬义；33. 联合，
褒义；34. 偏正，褒义；35. 联合，褒义。

📖📖📖 8月28日 ☞☞☞

240 ☺☺☺ 从古词诗寻觅成语 ☺☺☺

请在下列古诗词名句中引申寻觅出30条4字成语。

1. 不如醉里风吹尽，可忍醒时雨为稀。

—— [唐·杜甫《绝句三》]

2. 汝虽打草，吾已惊蛇。

—— [宋·郑文宝《南唐近事》]

3. 多病多愁心自知，行年未老发先衰。

—— [唐·白居易《叹发落》]

4. 只怕马当山下水，不知平地有风波。

—— [唐·杜荀鹤《将过湖南经马当山庙因书三绝》]

5. 穷秋感平分，新月怜半破。

—— [唐·韩愈《合江亭》]

6. 一旦公道开，青云在平地。

—— [唐·曹邺《杏园宴呈同年》]

7. 一双瞳仁剪秋水。

—— [唐·李贺《唐儿诗》]

8. 天下三分明月夜，二分无赖是扬州。

—— [唐·徐凝《忆扬州》]

9. 国色朝酣酒，天香夜染衣。

—— [唐·李正封《赏牡丹》]

10. 落霞与孤鹜齐飞，秋水共长天一色。

—— [初唐·王勃《滕王阁序（秋日登洪府滕王阁饯别序）》]

11. 但愿风调雨顺民安业，我亦走马观花归帝京。

—— [明·于谦《于忠肃集·喜雨行》]

12. 士为知己者死，女为悦己者容。

—— [西汉·刘向《战国策·赵策一》]

13. 吾闻马周昔作新丰客，天荒地老无人识。

——［唐·李贺《昌谷集·致酒行》］

14．桂宫柏寝拟天居。

——［南朝．宋·鲍照《代白纻歌舞词》］

15．想当年明月入怀，气吞万里如虎。

——［宋·辛弃疾《稼轩长短句·永遇乐·京口北固亭怀古》］

16．君不闻汉家山东二百州，千村万落生荆杞。

——［唐·杜甫《兵车行》］

17．昔年意气结群英，几度朝回一字行，天南海北零落尽，两人相见洛阳城。

——［唐·刘禹锡《汉中送韩七中丞之吴兴口号》］

18．将使杏花菖叶，耕耘不衍。

——［王融．《文选．〈永明九年策秀才文〉》］

19．钓溪筑野收多士，航海梯山各一家。

——［宋·黄庭坚《豫章集·和中玉使君晚秋开天宁节道场》］

20．延年益寿千万岁。

——［战国时期楚国·宋玉《文选·高唐赋》］

21．后来富贵已零落，岁寒松柏犹依然。

——［唐·刘禹锡《将赴汝州途出浚下留辞李相公》］

22．李杜文章在，光焰万丈长。

——［唐·韩愈《昌黎先生集·调张籍》］

23．赖有明朝看潮在，万人空巷斗新妆。

——［宋·苏轼《八月十七复登望海楼》］

24．黄鹤一去不复返，白云千载空悠悠。

——［唐·崔颢《崔颢集·黄鹤楼》］

25．雄兔脚扑朔，雌兔眼迷离，两兔傍地走，安能辨我是雄雌！。

——［古乐府《木兰诗》］

26．障百川而东之，回狂澜于既倒。

——［唐·韩愈《昌黎先生集·进学解》］

27．团辞试提挈，挂一念万漏。

—— [唐·韩愈《昌黎先生集·南山》]

28．五达谓之康，六达谓之庄。

—— [《尔雅·释宫》]

29．野芳发而幽香，佳木秀而繁阴，风霜高洁，水落而石出。

—— [北宋·欧阳修《醉翁亭记》]

30．闲云潭影日悠悠，物换星移几度秋。

—— [唐·王勃《王子安集·滕王阁序》]

♥♥♥ 答案链接 ♥♥♥→▶

1．风吹雨打；　2．打草惊蛇；　3．未老先衰；　4．平地风波；
5．平分秋色；　6．平地青云；　7．秋水双瞳；　8．二分明月；
9．国色天香；10．水天一色；11．走马观花；12．士为知己者死；
13．天荒地老；14．桂宫柏寝；15．明月入怀；16．千村万落；
17．天南海北；18．杏花菖叶；19．航海梯山；20．延年益寿；
21．岁寒松柏；22．光焰万丈；23．万人空巷；24．杳如黄鹤；
25．扑朔迷离；26．力挽狂澜；27．挂一漏万；28．康庄大道；
29．水落石出；30．物换星移。

📖📖📖 8月29日 🕮🕮🕮

[241]　　☺☺☺ 以成语改成语 ☺☺☺.

下面45条成语中都含有错别字，请予以标明，然后在括号里填上一条相应的成语来改正这个错别字，并且这条成语能准确地形容这个错别字的更正过程或产生原因。例如：断口取义（出口成章），等等。

1．实不虚传（　）；　2．土蹈覆辙（　）；　3．心诛笔伐（　）；
4．己尽其才（　）；　5．暴师益友（　）；　6．瞠亲结舌（　）；
7．头红耳赤（　）；　8．屡怪不鲜（　）；　9．视生如归（　）；

10. 足险如夷（　　）；11. 天大物博（　　）；12. 简入人心（　　）；

13. 供之不得（　　）；14. 南辕北弦（　　）；15. 今调不弹（　　）；

16. 邪气凛然（　　）；17. 今愁今恨（　　）；18. 雅风共赏（　　）；

19. 光日化日（　　）；20. 天新月异（　　）；21. 身心仁术（　　）；

22. 履履倒易（　　）；23. 因陋就繁（　　）；24. 戈断乡曲（　　）；

25. 二手托天（　　）；26. 实山事业（　　）；27. 进避三舍（　　）；

28. 以卵投水（　　）；29. 终乱终弃（　　）；30. 继往开去（　　）；

31. 谋冠三军（　　）；32. 独一为之（　　）；33. 弄竹弹藕（　　）；

34. 类学相长（　　）；35. 已人一等（　　）；36. 辞旧迎陈（　　）；

37. 故愁旧恨（　　）；38. 七整八落（　　）；39. 零军经武（　　）；

40. 险为平地（　　）；41. 上下其病（　　）；42. 苗年三老（　　）；

43. 宫毛丰满（　　）；44. 慕实而来（　　）；45. 攘往熙往（　　）。

♥♥♥ 答案链接 ♥♥♥➜▶

（注：下面每一组的前一条成语中带字符边框的字均系更正后的正确字，每一组的后面一条成语均系能准确地概括形容出这个错别字的更正过程或产生原因的成语。）

1. 名不虚传（有名无实）；2. 重蹈覆辙（卷土重来）；3. 口诛笔伐（有口无心）；4. 人尽其才（舍己为人）；5. 良师益友（除暴安良）；6. 瞠目结舌（举目无亲）；7. 面红耳赤（改头换面）；8. 屡见不鲜（少见多怪）；9. 视死如归（出生入死）；10. 履险如夷（削足适履）；11. 地大物博（改天换地）；12. 深入人心（深居简出）；13. 求之不得（供不应求）；14. 南辕北辙（改弦易辙）；15. 古调不弹（古为今用）；16. 正气凛然（改邪归正）；17. 今愁古恨（以古非今）；18. 雅俗共赏（移风易俗）；19. 光天化日（偷天换日）；20. 日新月异（移天易日）；21. 仁心仁术（杀身成仁）；22. 冠履倒易（以冠补履）；23. 因陋就简（删繁就简）；24. 武断乡曲（止戈为武）；25. 一手托天（有一无二）；26. 名山事业（有名无实）；27. 退避三舍（以退为进）；28. 以卵投石（水落石出）；29. 始乱

终弃（有始无终）；30. 继往开来（有来无去）；31. 勇冠三军（有勇无谋）；32. 偶一为之（无独有偶）；33. 弄竹弹丝（藕断丝连）；34. 教学相长（有教无类）；35. 加人一等（有加无已）；36. 辞旧迎新（推陈出新）；37. 新愁旧恨（吐故纳新）；38. 七零八落（化整为零）；39. 整军经武（化零为整）；40. 夷为平地（化险为夷）；41. 上下其手（手到病除）；42. 长年三老（揠苗助长）；43. 羽毛丰满（移宫换羽）；44. 慕名而来（有名无实）。45. 攘往熙来（有来无往非礼也。）

8月30日

242 ☺☺☺ 同位同义词成语乐悠悠（二）☺☺☺.

同义词交叉搭配并列连用可构成成语，具有加重语气、突出形象、增强力量的作用。例如：成语"翻山越岭"中，"翻"、"越"同义且同位（同一词性），"山"、"岭"同义且同位（同一词性），请列举出45条这样的4字成语。

♥♥♥ 答案链接 ♥♥♥→▶

严气正性，束马悬车，昏天黑地，翻天覆地，翻箱倒柜，翻云覆雨，游山玩水，龙盘虎踞，金科玉律，高瞻远瞩，高谈阔论，海誓山盟，著书立传，铺锦列绣，万水千山，龙争虎斗，唇枪舌剑，乘风破浪，手挥目送，手疾眼快，坚甲利兵，斗鸡走狗，栋折榱崩，戴月披星，光宗耀祖，腾云驾雾，星离雨散，偭规越矩，心织笔耕，朽木死灰，披坚执锐，怡情悦性，披星戴月，倾家荡产，陈词滥调，嘉言懿行，攻城略地，家破人亡，标新立异，钩深致远，一阶半级，识文断字，时雨春风，时和年丰，时来运转。

📖📖📖 8月31日 ☞☞☞

243 ☺☺☺ 经典成语故事谜 ☺☺☺.

请您根据下面各故事猜成语。

1.[祝枝山的评语] 有一个官老爷把祝枝山请到他的官府，拿出他儿子写的一篇文章让祝枝山看，硬要请他题词，祝枝山不好推辞，就草草看了一遍，提笔写了两句唐诗："两个黄鹂鸣翠柳，一行白鹭上青天"，旁边注有一行小字：打两条成语即为评语。县令的侍从认为："上一句是说'有声有色'，夸奖公子文章写得好；下一句是说'青云直上'，表示公子前程无量。"但祝枝山说："这种说法不对"。您看祝枝山所写的两句诗是应该猜射哪两条成语呢？请猜猜看吧！

2.[民间故事] 古时候，张三在自己家中院里埋下一包银子，在所埋地上插着一标记曰："此地无银三百两"。铁匠王二偷了这包银子，并留下字条一张，字条曰："铁匠王二不偷银"。请根据这一爆笑民间的成语故事猜射一条成语，好吗？

3.[费新我画谜小故事] 我国著名的书法家费新我喜欢作画谜。一次，他画了这样一幅图画：办公室内有三个人，中间一个人翘着二郎腿正在漫不经心地看报纸，左右两个人正在伏案工作。画上写着："猜一条成语。"这是一幅很有趣的画谜，您能猜出这条成语吗？

4.[老教授的春联] 有一位姓刘的老教授被错误定为右派，刘老教授在1972年春节曾写过一副春联，上联是："二三四五"；下联是："六七八九"；横批是："****"。改革开放后的1982年春节，刘老教授又重新写了一副春联，上联是："一一一二三四五"；下联是："六七八九十十十"；横批是："❁❁❁❁"。请您猜一猜刘老教授的这两副春联的横批"****"和"❁❁❁❁"分别是什么内容，以及这两副春联的具体含义，好吗？

♥♥♥ 答案链接 ♥♥♥→▶

　　1．不知所云；离题万里。（解析："两个黄鹂鸣翠柳"猜射成语"不知所云"，"一行白鹭上青天"猜射成语"离题万里"。）2．不打自招。3．一不做，二不休。（解析：画中一个人不干活，即"一不做"；画中两个人正在干活，即"二不休"。）4．这两副春联横批分别是：缺一少十和丰一足十；这两副春联的具体含义是：缺衣（一）少食（十）和丰衣（一）足食（十）。（解析：括号内的"一"和"十"分别与"衣"和"食"谐音。、均是运用谐音法可以猜射谜底：缺衣少食和丰衣足食。）

☺☺☺ 九月 ▶ ▶ ▶

成语游戏人生，从今天开始！

📖📖📖 9月1日 ☞☞☞

[244] ☺☺☺ 趣填 [清正廉洁] 成语游戏 ☺☺☺.

请您在下图的空格内填上适当的字，使之组成16条分别含有"清"、"正"、"廉"、"洁"这4个字中指定的某一个字常用趣味4字成语或词语。

清							正
	清					正	
		清			正		
			清	正			
			廉	洁			
		廉			洁		
	廉					洁	
廉							洁

♥♥♥ 答案链接 ♥♥♥➜▶

清风两袖，眉清目秀，正本清源，激浊扬清，矫枉过正，端端正正，清正廉洁，正人君子，物美价廉，清正廉洁，寡廉鲜耻，廉泉让水，洁身自好，玉洁冰清，清清洁洁，源清流洁。

📖📖📖 9月2日 ☞☞☞

245 ☺☺☺ 根据成语填字组地名（一）☺☺☺.

请在下列成语的空方格内填入适当的字，连起来，读一读，这是哪个省市名？——学成语又知地名，一箭双雕乐陶然，妙哉！酷哉！

1. 高高在□，□阔天空； 2. 难能可□，□关大道；
3. 人才济□，□辕北辙； 4. 源远流□，□华秋实；
5. 五湖四□，□角春风； 6. 流水高□，□海扬尘；
7. 光明正□，□类龙鸾； 8. 金石为□，□官许愿；
9. 鸟语花□，□人治港；10. 万象更□，□报平安。

♥♥♥ 答案链接 ♥♥♥➜▶

1. 高高在 上，海 阔天空； 2. 难能可 贵，阳 关大道；
3. 人才济 济，南 辕北辙； 4. 源远流 长，春 华秋实
5. 五湖四 海，口 角春风； 6. 流水高 山，东 海扬尘；
7. 光明正 大，连 类龙鸾； 8. 金石为 开，封 官许愿；
9. 鸟语花 香，港 人治港； 10. 万象更 新，竹 报平安。

组成地名是：上海，贵阳，济南，长春，海口，山东，大连，开封，香港，新竹。

📖📖📖 9月3日 ☞☞☞

246 ☺☺☺ 巧填成语藏头诗连句子 ☺☺☺.

成语藏头诗，填首字接长龙——请把下面每一成语的首字填写完整，请开动一下脑筋吧！您会发现每一竖行首字相连就是一首藏头诗，想一想，这是谁的诗句呢？——既学成语又读诗，一举两得

乐逍遥。

☐头金尽，☐神疑鬼，☐足轻重，☐三下四，
☐功尽弃，☐非分明，☐重脚轻，☐破血流，
☐明白白，☐广人稀，☐穿秋水，☐如泉涌，
☐下老人，☐下一心，☐知故犯，☐弄玄虚，
☐明磊落，☐露之思，☐晕而风，☐音不改。

♥♥♥ 答案链接 ♥♥♥→▶

床头金尽，疑神疑鬼，举足轻重，低三下四，
前功尽弃，是非分明，头重脚轻，头破血流，
明明白白，地广人稀，望穿秋水，思如泉涌，
月下老人，上下一心，明知故犯，故弄玄虚，
光明磊落，霜露之思，月晕而风，乡音不改。

这是唐代李白《乐府诗集》中的五言绝句《静夜思》的千古名诗句。

📖📖📖 9月4日 ☞☞☞

📑247 ☺☺☺ 根据文字位置猜成语谜 ☺☺☺.

您能根据右图中这20个字所处的东西南北、上下左右或4角的位置特点猜射出 10 条 4 字成语来吗？赶快行动吧！OK！
→

龙	调	居	相
望	瞻	顾	张
萦	人	己	拂
倒	声	实	扶
遥	腔	临	蛇

♥♥♥ 答案链接 ♥♥♥➜►

龙头蛇尾；遥相呼应；南腔北调；瞻前顾后；先人后己；先声后实；东张西望；左萦右拂；扶东倒西；居高临下。

📖📖📖 **9月5日** ☞☞☞

📖 248 ☺☺☺ **归纳成语，简要回答** ☺☺☺.

请按下列每一项的要求，归纳浓缩简要回答出相应的4字成语。

1. "虽然知识是无穷无尽的，学习负担繁重学习路程遥远，但是做事成功主要取决于思考；只要我们有针对性地学习与思考，反复地深入细致地思虑，实行有效的方法和措施，坚持不懈，意志坚定地博览群书，一心一意聚精会神地专心学习，就会在预期的时间内收到成效"。您能根据此段文字文意，把它概括归纳为含有两个关联词语的11条4字成语，使其成为表达完整的一句话吗？请简要回答。

2. 请您写出5条4字成语，里面包括从"零"到"十"这11个数字，好吗？请简要回答。

♥♥♥ 答案链接 ♥♥♥➜►

1. [虽然] 学而无涯，任重道远，[但是] 行成于思；[只要] 有的放矢，深思熟虑，行之有效，锲而不舍，博学笃志，专心致志，学而不厌，[就会] 计日程功。

2. 一台二妙，三姑六婆，五湖四海，七零八落，十亲九故。

📖📖📖 9月6日 ☞☞☞

249 ☺☺☺ **千古名言警句成语** ☺☺☺.

名言警句源远流长,富有哲理,告诫立志,激励人心,催人上进。下面是一些千古名言警句,请您在3分钟内根据下列千古名言警句成语的上联完整填写对出下联。快快行动吧!看一看谁答得又对又好又快呢? 现在开始计时——Let's go➜

1. 千里之堤,_____ ;
2. 千里之行,_____ ;
3. 三日打鱼,_____ ;
4. 四体不勤,_____ ;
5. 智者千虑,_____ ;
6. 前车之覆,_____ ;
7. 愚者千虑,_____ ;
8. 前事不忘,_____ ;
9. 不经一事,_____ ;
10. 金玉其外,_____ ;
11. 百尺竿头,_____ ;
12. 一人得道,_____ ;
13. 二人同心,_____ ;
14. 有则改之,_____ ;
15. 拳不离手,_____ ;
16. 成事不足,_____ ;
17. 百足之虫,_____ ;
18. 重于泰山,_____ ;
19. 失之毫厘,_____ ;
20. 螳螂捕蝉,_____ ;
21. 言之无文,_____ ;
22. 读万卷书,_____ ;
23. 流水不腐,_____ ;
24. 世上无难事,_____ ;
25. 工欲善其事,_____ ;
26. 只要功夫深,_____ ;
27. 一寸光阴一寸金,____ ;
28. 书中自有黄金屋,_____ ;
29. 留得青山在,_____ ;
30. 勿以恶小而为之,____ ;

♥♥♥ 答案链接 ♥♥♥➜▶

1. 千里之堤, <u>溃于蚁穴</u> ;
2. 千里之行, <u>始于足下</u> ;
3. 三日打鱼, <u>两天晒网</u> ;
4. 四体不勤, <u>五谷不分</u> ;
5. 智者千虑, <u>必有一失</u> ;
6. 前车之覆, <u>后车之鉴</u> ;
7. 愚者千虑, <u>必有一得</u> ;
8. 前事不忘, <u>后事之师</u> ;

9. 不经一事, <u>不长一智</u>；　10. 金玉其外, <u>败絮其中</u>；

11. 百尺竿头, <u>更进一步</u>；　12. 一人得道, <u>鸡犬升天</u>；

13. 二人同心, <u>其利断金</u>；　14. 有则改之, <u>无则加勉</u>；

15. 拳不离手, 曲不离口；　16. 世上无难事, <u>只怕有心人</u>；

17. 工欲善其事, <u>必先利其器</u>；　18. 只要功夫深, <u>铁杵磨成针</u>；

19. 一寸光阴一寸金, <u>寸金难买寸光阴</u>；

20. 成事不足, <u>败事有余</u>；　21. 螳螂捕蝉, <u>黄雀在后</u>；

22. 百足之虫, <u>死而不僵</u>；　23. 言之无文, <u>行而不远</u>；

24. 留得青山在, <u>不愁（怕）没柴烧</u>；

25. 读万卷书, 行万里路；　26. 重于泰山, <u>轻于鸿毛</u>；

27. 书中自有黄金屋, <u>书中自有颜如玉</u>；

28. 失之毫厘, <u>差之千里</u>；　29. 流水不腐, <u>户枢不蠹</u>；

30. 勿以恶小而为之, <u>勿以善小而不为</u>。

9月7日

250　☺☺☺ 成语中的哲理 ☺☺☺.

学成语又明哲理, 受益匪浅双丰收。哲学是研究人世间普遍道理的社会科学, 哲学是自然知识和社会知识的概括和总结, 成语中含有许多哲理丰富的成语。请您把下列 25 条成语所蕴涵的哲理一一回答出来, 好吗?

1. 削足适履；2. 掩耳盗铃；3. 揠苗助长；4. 按图索骥；5. 量体裁衣；6. 疑邻盗斧；7. 磨杵成针；8. 大海捞针；9. 水中捞月；10. 想入非非；11. 土壤细流；12. 积羽沉舟；13. 集腋成裘；14. 古为今用, 洋为中用；15. 种瓜得瓜, 种豆得豆；16. 乐极生悲；17. 苦尽甘来；18. 积劳成疾；19. 积毁销骨；20. 水滴石穿；21. 高岸为谷, 深谷为陵；22. 闭门造车；23. 截趾适屦；24. 刻肌伤骨；25. 不是冤家不聚头（冤家路窄）。

♥♥♥ 答案链接 ♥♥♥→▶

1. 削足适履——足和履是内容和形式的关系，削足适履者企图要内容（足）适应形式（履），违背了内容决定形式、形式适合内容的原理；2. 掩耳盗铃——铃响是不以人的听觉为转移的，盗铃时铃必响，听不听到响声与掩耳不掩耳无关，盗铃者想以掩耳来掩盖铃声是自欺欺人，是主观唯心主义的表现；3. 揠苗助长——禾苗的生长有其规律，情况是不断变化的，而揠苗违背了其规律，犯了主观主义的错误，其结果欲速则不达；4. 按图索骥——按照图形去寻找好马，只从原则出发，违背了一切从实践出发的原理；5. 量体裁衣——裁缝按人的体形而裁制衣服，因人而异，符合具体情况、具体分析的原理；6. 疑邻盗斧——疑邻盗斧者怀疑其邻居盗了其斧，违犯了从主观印象出发的唯心主义错误；7. 磨杵成针——铁杵磨成针是从量变到不断积累所引起的质变，符合量变引起质变的原理；8. 大海捞针——在大海里面捞针，比喻很难找到，非现实的抽象可能性，属于物质世界的可能性和现实性关系的原理。9. 水中捞月——比喻白费力气，永远不可能实现的事，属于物质世界的可能性和现实性关系的原理。10. 想入非非——梦想达到一般识力达到不了的地方，幻想根本实现不了的事情，犯了脱离实际的错误，违背了一切从实际出发的原理，属于世界的物质统一性原理范畴；11. 土壤细流——"太山不让土壤，故能成其大；河流不择细流，故能就其深"（《史记·李斯列传》），事物虽然很细微，但不断积累，就能产生巨大作用，是从量变到不断积累所引起的质变，符合量变引起质变的原理；12. 积羽沉舟——"积羽沉舟，群轻折轴"（《战国策·魏策一》），羽毛虽然最轻，堆积多了可以把船压沉，细微事物可以合成强大力量，是从量变到不断积累所引起的质变，符合量变引起质变的原理；13. 集腋成裘——狐狸腋下的皮虽然很小，但许多块聚集起来能缝成皮衣，积少成多是从量变到不断积累所引起的质变，属于质量互变规律，即量变和质变关系的原理。14. 古为今用；洋为中用——古为今用是指批判地继承一切优秀的文化遗产；洋为中用是有分析、有批判地吸收外国有用的东西，是否定之中有肯定、肯定之中有否定，属于辩证的否定观原理；15. 种瓜得瓜，种豆得豆——比喻造什么因，就得什么果，是必然现象，属于必然性和偶然性的关系、辩证的因果关系的原理；第16项—第20项这些现象属于突破事物存在的度，度是指事物保持其质的量的限度，属于质量互变规律，即量变和质变关系的原理；21. 高岸为谷，深谷为陵——高岸变成深谷，深谷变成大土山，比喻世事变迁，现多比喻一切事物在一定条件下都向其相反的方面转化，属于对立统一的规律，符合矛盾的同一性和斗争性的原理；22. 闭门造车——比喻不问客观实际，不进行调查研究，凭主观想象处理问题，犯了脱离实际的错误，违背了一切从实际出发的原理，属于世界的物质统一性原理范畴；23. 截趾适屦——趾和屦是内容和形式的关系，割截脚肉来适合鞋子的大小，截趾适屦者企图要内容（趾）适应形式（屦），违背了内容决定形式、形式适合内容的原理；24. 刻肌伤骨——肌和骨是内容和形式的关系，肌肉和骨头系表里关系，刻肌伤骨者违背了内容决定形式、形式适合内容的原理；25. 不是冤家不聚头（冤家路窄）——说明了矛盾双方的相互依赖，属于辩证的关系。

📖📖📖 9月8日 ☞☞☞

📖 251 ☺☺☺ 趣填成语完"四美"（二）☺☺☺.

请您在下面每个空格里填上一个适当的字，使每一横行横向读都成为一条4字成语，您能在3分钟内完整准确地填写出来吗？Let's go➜ok！

心							语		行						环
	灵					言				为				境	
		美			美						美		美		
趣 填 成 语 完 四 美															

♥♥♥ 答案链接 ♥♥♥➔▶

心	心	相	印	豪	言	壮	语	言	行	一	致	往	复	循	环
心	灵	手	巧	语	差	言	错	一	分	为	二	事	过	境	迁
黄	粱	美	梦	完	美	无	缺	成	人	之	美	物	美	价	廉
趣 填 成 语 完 四 美															

9月9日

252 ☺☺☺ 填词语“99”团团圆圆 ☺☺☺

请您在下图空格中填入适当的字，分别组成含有“九”字的成语或数学术语，以此祝愿人人“九九”呈祥阖家团团圆圆。此题有点难度吧，一定要Hiod住哦！（温馨提示：各词语不可重复，计16条词语）。➘

			九	九			
		九			九		
	九					九	
九							九
九							九
	九					九	
		九			九		
			九	九			

♥♥♥ 答案链接 ♥♥♥→▶

十有八九，九十春光，一夕九徙，逢九进一，二九十八，三六九等，
九鼎大吕，一九得九，九世之仇，三三得九，数九寒天，十亲九故，
一牛九锁，九九归一，冬练三九，九原可作。

📖📖📖 9月10日 🦅🦅🦅

253 ☺☺☺ 找反义词寻对手组成语 ☺☺☺.

请您从下列词语中分别找出它们各自的反义词，然后再组成
20 条反义词 4 字成语。

1. 出生； 2. 熟视； 3. 眼高； 4. 深入； 5. 除恶； 6. 取精；
7. 中干； 8. 心非； 9. 存真； 10. 就轻； 11. 毖后； 12. 天南；
13. 报怨； 14. 入死； 15. 无睹； 16. 手低； 17. 仇报； 18. 怕重；
19. 阳错； 20. 去粗； 21. 外强； 22. 口是； 23. 去伪； 24. 无独；
25. 海北； 26. 惩前； 27. 有偶； 28. 恩将； 29. 浅出； 30. 避重；
31. 心小； 32. 大才； 33. 胆大； 34. 小用； 35. 弃暗； 36. 扬善；
37. 以德； 38. 拈轻； 39. 阴差； 40. 投明。

♥♥♥ 答案链接 ♥♥♥→▶

1. 出生入死； 2. 熟视无睹； 3. 眼高手低； 4. 深入浅出；
5. 弃暗投明； 6. 去粗取精； 7. 外强中干； 8. 口是心非；
9. 去伪存真； 10. 避重就轻； 11. 惩前毖后； 12. 天南海北；
13. 拈轻怕重； 14. 无独有偶； 15. 恩将仇报； 16. 胆大心小；
17. 大材小用； 18. 除恶扬善； 19. 以德报怨； 20. 阴差阳错。

📖📖📖📖 9月11日 ☞☞☞

254 ☺☺☺ **根据5个字猜成语谜** ☺☺☺.

请根据下面每句话猜一个4字成语。

1. 分明两相误；　2. 天天过春节；　3. 情报互封锁；　4. 天下第一章；

5. 与老子为邻；　6. 桃李满天下；　7. 帽子满天飞；　8. 个个记心头；

9. 拒绝到罗马；10. 争夺冠亚军；11. 赤橙绿蓝紫；12. 二十尚不足；

13. 铁板上搽油；14. 寿星论年纪；15. 带钱进棺材；16. 米筛过豆子；

17. 灶面前干活；18. 冬天的燕子；19. 医生开处方；20. 三代人出门；

21. 酒肉穿肠过；22. 家家包饺子；23. 专照集体照；24. 曲尽青衫湿；

25. 潮平两岸阔；26. 古稀更健美。

♥♥♥ 答案链接 ♥♥♥➜▶

1. 阴差阳差；　2. 度日如年；　3. 息息相关；　4. 盖世无双；

5. 隔墙有耳；　6. 花花世界；　7. 冠盖如云；　8. 胸有成竹；

9. 词不达意；10. 不三不四；11. 青黄不接；12. 一念之差；

13. 溜之大吉；14. 倚老卖老；15. 爱财如命；16. 格格不入；

17. 煽风点火；18. 远走高飞；19. 对症下药；20. 扶老携幼；

21. 食而不化；22. 无所不包；23. 一拍即合；24. 乐极生悲；

25. 水到渠成；26. 老当益壮。

📖📖📖📖 9月12日 ☞☞☞

255 ☺☺☺ **登陆兵器成语淘宝网** ☺☺☺.

登陆"108"兵器成语淘宝网，哇噻！好多兵器呀！亲们，
➜ 咱们也在成语兵器淘宝网淘个宝吧！天生我材必有用，大显身
手展神威 ➜ 下列108条成语中都含有兵器名称，请在下面空格内

填入兵器名称组成完整成语，好好晒晒咱们的兵器成语淘宝网，show(秀)出"十八般武艺"的精彩，show出"十八般武艺"的活力，件件一定会精通哦！So! 花样一定很cool喽～～～！

1. 光阴似□；　2. □口浪尖；　3. 自相□□；　4. □头一叶；

5. 暗□伤人；　6. □林□雨；　7. □光□影；　8. 大动□□；

9. 片□不存；10. 倒载□□；11. □山□树；12. 倒□卸□；

13. 操□伤锦；14. 操□必割；15. 唇□舌战；16. 班门弄□；

17. 一□两断；18. 两面三□；19. 大马金□；20. □□张；

21. □□森森；22. □及屡及；23. 横□立马；24. 刻舟求□；

25. 单□匹马；26. 单□直入；27. 横行□士；28. 风□霜□；

29. 明□暗□；30. 磨□霍霍；31. 运□成风；32. 万□攒心；

33. 临阵磨□；34. □锋相对；35. □马一生；36. □□不入；

37. 弃□曳兵；38. 左右开□；39. 反□一击；40. □马倥偬；

41. 神工鬼□；42. □在弦上；43. 卖□买牛；44. 牛□小试；

45. 操□被□；46. 笑里藏□；47. 坚□利兵；48. 止□为武；

49. 为人捉□；50. 山火海□；51. □张□拔；52. 弄□操□；

53. 金□铁马；54. 猛着先□；55. □老无芒；56. □耕火耨；

57. 如□在弦；58. 万□齐发；59. □□森森；60. 口蜜腹□；

61. 郢匠挥□；62. 磨□成针；63. 破□沉舟；64. 上方宝□；

65. 倒打一□；66. 盘马弯□；67. 韬□卷□；68. 无□凿痕；

69. 鬼□神工；70. 金□铁马；71. 大□阔□；72. 倒持□□；

73. 弄□操□；74. 山火海□；75. □张□拔；76. 拿□动□；

77. 铅□一割；78. 铅□为銛；79. 韬□卷□；80. 介□之士；

81. 同室操□；82. 倒□卸□；83. 拔□相助；84. 匣□帷灯；

85. 片□不回；86. 枕□待旦；87. 投□断流；88. 强□之末；

89. □山火海；90. 快马加□；91. □辟入里；92. 横□赋诗；

93. 匹马单□；94. □老无芒；95. 折□沉沙；96. 挥□反日；

97. □折□尽；98. 亡□得□；99. □□相见；100 回马□；

101. 挡□牌；102. 化□□为玉帛；103. 快□斩乱麻；

104. 银样镴□头；105. 君子一言，快马一□；

106. 明□易躲，暗□难防；107. 人为□俎，我为鱼肉；

108. 放下屠□，立地成佛。

♥♥♥ 答案链接 ♥♥♥→▶

1. 光阴似箭； 2. 刀口浪尖； 3. 自相矛盾； 4. 箭头一叶；

5. 暗箭伤人； 6. 枪林弹雨； 7. 刀光剑影； 8. 大动干戈；

9. 片甲不存； 10. 倒载干戈； 11. 刀山剑树； 12. 倒戈卸甲；

13. 操刀伤锦； 14. 操刀必割； 15. 唇枪舌战； 16. 班门弄斧；

17. 一刀两断； 18. 两面三刀； 19. 大马金刀； 20. 剑拔弩张；

21. 剑戟森森； 22. 剑及屦及； 23. 横刀立马； 24. 刻舟求剑；

25. 单枪匹马； 26. 单刀直入； 27. 横行甲士； 28. 风刀霜剑；

29. 明枪暗箭； 30. 磨刀霍霍； 31. 运斤成风； 32. 万箭攒心；

33. 临阵磨枪； 34. 针锋相对； 35. 戎马一生； 36. 刀枪不入；

37. 弃甲曳兵； 38. 左右开弓； 39. 反戈一击； 40. 戎马倥偬；

41. 神工鬼斧； 42. 箭在弦上； 43. 卖剑买牛； 44. 牛刀小试；

45. 操戈被甲； 46. 笑里藏刀； 47. 坚甲利兵； 48. 止戈为武；

49. 为人捉刀； 50. 驽马铅刀； 51. 弩张剑拔； 52. 弄斤操斧；

53. 金戈铁马； 54. 猛着先鞭； 55. 鞭长莫及； 56. 刀耕火耨；

57. 如箭在弦； 58. 万弩齐发； 59. 剑戟森森； 60. 口蜜腹剑；

61. 郢匠挥斤； 62. 磨杵成针； 63. 破釜沉舟； 64. 上方宝剑；

65. 倒打一耙； 66. 盘马弯弓； 67. 韬戈卷甲； 68. 无斧凿痕；

69. 鬼斧神工； 70. 金戈铁马； 71. 大刀阔斧； 72. 倒持泰阿；

73. 弄斤操斧； 74. 刀山火海； 75. 弩张剑拔； 76. 拿刀动杖；

77. 铅刀一割； 78. 铅刀为铦； 79. 韬戈卷甲； 80. 介胄之士；

81. 同室操戈； 82. 倒戈卸甲； 83. 拔刀相助； 84. 匣剑帷灯；

85. 片甲不回； 86. 枕戈待旦； 87. 投鞭断流； 88. 强弩之末；

89. 刀山火海； 90. 快马加鞭； 91. 鞭辟入里； 92. 横槊赋诗；

93. 匹马单枪； 94. 剑老无芒； 95. 折戟沉沙； 96. 挥戈反日；

97. 弓折刀尽；98. 亡戟得矛；99. 兵戎相见；100. 回马枪；
101. 挡箭牌；102. 化干戈为玉帛；103. 快刀斩乱麻；104. 银样
镴枪头；105. 君子一言，快马一鞭；106. 明枪易躲，暗箭难防；
107. 人为刀俎，我为鱼肉；108. 放下屠刀，立地成佛。

📖📖📖 9 月 13 日 🐌🐌🐌

256 ☺☺☺ 穿越成语谜宫阵（填六十六格谜）☺☺☺.

下图是由 66 个汉字组成的谜宫阵，谜宫阵出入口都在迷宫
左上角"远"字的同一位置。请您从"远"字进入谜宫，又至"远"
字闯出谜宫，所经过路线每四格里面的字能组成22条成语接龙，
并且上一条成语的尾字是下一条成语的首字，要求只能横着或
者竖着行走，不能斜着走，66 个格不得重复走，不得有空格现
象哦～～～！玩穿越好玩吧，破谜阵有点难度吧，一定要 Hiod
住哦！相信您"手起刀落"，一定会将"谜阵"那厮斩下马来！
一定会成功穿越破解谜宫阵的！ yeah! 您准备好了吗？让我们
开始进入吧！ ➔

入口 ⬇⬆ 出口

水	远	见	才	尊	大	光	万	里	合	二
长	山	卓	识	贤	正	明	见	应	外	为
水	千	力	尽	良	方	中	美	光	扬	一
万	上	不	心	在	事	不	之	大	发	心
成	千	从	尽	人	谋	足	人	功	风	一
事	想	心	无	心	多	智	成	告	气	意

♥♥♥ 答案链接 ♥♥♥➔▶

远见卓识 ➔ 识才尊贤 ➔ 贤良方正 ➔ 正大光明 ➔ 明见万里 ➔
里应外合 ➔ 合二为一 ➔ 一心一意 ➔ 意气风发 ➔ 发扬光大 ➔

大功告成 ➡ 成人之美 ➡ 美中不足 ➡ 足智多谋 ➡ 谋事在人 ➡
人心无尽 ➡ 尽心尽力 ➡ 力不从心 ➡ 心想事成 ➡ 成千上万 ➡
万水千山 ➡ 山长水远。

📖📖📖 9 月 14 日 ✍✍✍

257 ☺☺☺ 根据三个字智猜成语谜 ☺☺☺.

请根据下面每三个字猜一条 4 字成语。

1. 太阳灶； 2. 爬竹竿； 3. 无底洞； 4. 五不像； 5. 好管家；
6. 玩龙灯； 7. 霹雳火； 8. 绿林军； 9. 讨论会； 10. 斗蟋蟀；
11. 放空炮；12. 放鞭炮；13. 铁公鸡；14. 放焰火；15. 新锯条；
16. 正中间；17. 中山路；18. 育龄期；19. 跳伞谜；20. 少而精。

♥♥♥ 答案链接 ♥♥♥➡▶

1. 热火朝天； 2. 节节上升； 3. 深不可测； 4. 非驴非马；
5. 精打细算； 6. 摇头摆尾； 7. 声色俱厉； 8. 草木皆兵；
9. 各抒己见； 10. 咬牙切齿； 11. 弹无虚发； 12. 一哄而散；
13. 一毛不拔； 14. 万紫千红； 15. 心直口快； 16. 不偏不倚；
17. 文以载道； 18. 有生之年； 19. 喜从天降； 20. 不足为怪。

📖📖📖 9 月 15 日 ✍✍✍

258 ☺☺☺ "既"或"即"字成语 ☺☺☺.

请分别列举含有"既"或"即"字的成语各 12 条左右。

♥♥♥ 答案链接 ♥♥♥➡▶

既——既成事实；既往不咎；既刁又滑；既得利益；既说就做；

不咎既往；一如既往；既然如此；既明且哲；既来之，则安之；既生瑜，何生亮？既有今日，何必当初？

即——若即若离；即事穷理；成功在即；一触即发；一触即溃；闻过即改；即景生情；不即不离；一拍即合；即鹿无虞；可望而不可即；招之即来，挥之即去；即以其人之道，还治其人之身。

📖📖📖 9 月 16 日 ☞☞☞

259 ☺☺☺ "日月星辰" 成语集装箱 ☺☺☺.

请您列举关于"日月星辰"的 4 字成语 35 条。

♥♥♥ 答案链接 ♥♥♥➜▶

风清月明，日上三竿，日长一线，明月高照，皓月千里，
夕阳西下，旭日东升，星月交辉，月明星稀，日落西山，
星空万里，日月合璧，日薄西山，满月如盘，秋月如镜，
日升月恒，新月如钩，众星捧月，日陵月替，旭日方升，
星移斗转，如日中天，披星戴月，日暮途穷，日中为市，
日月入怀，日丽风和，如日方升，日月参辰，光天化日，
花好月圆，日月参辰，皓月千里，日新月异，日积月累。

📖📖📖 9 月 17 日 ☞☞☞

260 ☺☺☺ [心连心] "心" 干线填字成语接龙.

请在右面的空格内填上恰当的字，使每一横行组成两条首尾相连接的"心"字 4 字成语接龙。（计 8 条"心"字成语。）➜

↓♥♥♥ 答案链接 ♥♥♥➜▶ ⤵

赤	胆	忠	心	照	不	宣
胆	战	心	惊	心	悼	胆
回	心	转	意	马	心	猿
心	口	不	一	片	丹	心

📖📖📖 9月18日 ☞☞☞

261 ☺☺☺ 填成语巧接歇后语（一）☺☺☺.

下面的歇后语，都只有前半句，请在下列歇后语后半部分的空格里填写入成语，以匹配连接完整该歇后语。

1. 书橱里的老鼠——（　　　）；
2. 包脚布当孝帽——（　　　）；
3. 豆腐佬摔担子——（　　　）；
4. 小葱拌豆腐——（　　　）；
5. 黄连树下弹琴——（　　　）；
6. 老太太吃黄连——（　　　）；
7. 小和尚念经——（　　　）；
8. 包公断案——（　　　）；
9. 丢下灶王拜山神——（　　　）；
10. 和尚头上拍苍蝇——（　　　）；
11. 吃咸鱼拌酱油——（　　　）；
12. 挂羊头卖狗肉——（　　　）；
13. 花绸上绣牡丹——（　　　）；
14. 包脚布做船帆——（　　　）；
15. 黄连树下喊大旗——（　　　）；
16. 越猜越不对头——（　　　）；

17. 大合唱——（　　　）；

18. 脱粒机——（　　　）；

19. 电灯泡——（　　　）；

20. 枪弹上膛——（　　　）。

♥♥♥ **答案链接** ♥♥♥→▶

1. 书橱里的老鼠——（咬文嚼字）；2. 包脚布当孝帽——（一步登天）；3. 豆腐佬摔担子——（倾家荡产）；4. 小葱拌豆腐——［一青（清）二白］；5. 黄连树下弹琴——（苦中作乐）；6. 老太太吃黄连——（苦口婆心）；7. 小和尚念经——（有口无心）；8. 包公断案——（"铁面无私"或"公事公办"）；9. 丢下灶王拜山神——（舍近求远）；10. 和尚头上拍苍蝇——（正大光明）；11. 吃咸鱼拌酱油——（多此一举）；12. 挂羊头卖狗肉——（有名无实）；13. 花绸上绣牡丹——（锦上添花）；14. 包脚布做船帆——（臭名远扬）；15. 黄连树下喊大旗——（叫苦连天）；16. 越猜越不对头——（想入非非）；17. 大合唱——（异口同声）；18. 脱粒机——（吞吞吐吐）；19. 电灯泡——（胆大心细）；20. 枪弹上膛——（一触即发）。

📖📖📖 **9 月 19 日** ☞☞☞

📖262 ☺☺☺ **巧填成语庆中秋贺团圆** ☺☺☺.

"每逢佳节倍思亲"，"团团圆圆中秋节，家家户户乐翻天"。中秋佳节是阖家团圆的大好日子，下面图中呈现一个大大的"家"字，请您在下图其余的空方格里填入适当的字，使下图中 6 个正方形内的 4 个字按顺时针或按逆时针方向旋转都可以成 4 字成语。（计组成 6 条成语。）✎↓

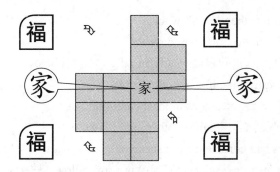

♥♥♥ 答案链接 ♥♥♥→▶↙

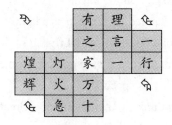

📖📖📖 **9 月 20 日** ☞☞☞

263 ☺☺☺ 英语成语吧（二）☺☺☺.

您稀饭（喜欢）学英语吗？请把下列英语翻译成汉语成语，看一看这是什么成语呢？一定要记住喽～～～！

1. Love me, love my dog.

2. A littie now and a little then.

3. Keep on going never give up.

4. Speak up out.

5. Rain dogs and cats.

6. Worshipped at his feet.

7. Prospering with each passing day.

8. So fast the years flow away.

9. To achieve the desired result.

10. Words flow easily and naturally from his lips.

11. Destroy the old and establish the new.

12. Suit the measures to local condittitions.

13. One man,s fauits is other man,s lesson.

14. A bad conscience is a snake in one's heart.

15. A clear conscience(良心) is a soft pillow（枕头）.

16. Practice makes perfect.

17. Nothing brave, nothing have.

18. As well be hanged for a sheep as a lamp.

19. A word spoken is an arrow let fly.

20. All things in their being are good for something.

21. More haste , less speed.

22. As herones think ,so thought bruce. (Great minds think alike.)

23. Many hands make light work.

24. Actions speak louder than works.

25. Many heads are better than one.

26. Never too old to learn, never too late to turn.

27. Diamond cuts diamond.

28. Justice has long arms.

29. All time is no time when it is past.

30. A thousand mile trip begins with one step.

31. As a man sows, so he shall reap.

32. Constant dropping wears the stone. （Constant dripping wears away the stone.）

33. A friend in need is a friend indeed.

34. Do well and have well，do badly and have badly.

35. A snow year, a rich year.

♥♥♥ 答案链接 ♥♥♥→▶

1. 爱屋及乌； 2. 断断续续； 3. 勇往直前； 4. 直言不讳；

5. 倾盆大雨； 6. 五体投地； 7. 蒸蒸日上； 8. 岁月如梭；

9. 如愿以偿；10. 口若悬河（滔滔不绝）；11. 破旧立新；

12. 因地制宜；13. 前车之鉴；14. 做贼心虚；

15. 问心无愧，高枕无忧；16. 熟能生巧；

17. 不入虎穴，焉得虎子；18. 一不做，二不休；

19. 一言既出，驷马难追；20. 天生我材必有用；21. 欲速则不达；

22. 英雄所见略同；23. 众人拾柴火焰高； 24. 事实胜于雄辩；

25. 三个臭皮匠，合成一个诸葛亮；26. 亡羊补牢，为时未晚；

27. 强中自有强中手；28. 天网恢恢，疏而不漏；

29. 机不可失，失不再来；30. 千里之行，始于足下；

31. 种瓜得瓜，种豆得豆；32. 水滴石穿，（锲而不舍，金石可镂）；

33. 患难见真情；34. 善有善报，恶有恶报；35. 瑞雪兆丰年。

📖📖📖 9月21日 ☞☞☞

264 ☺☺☺ "一"字成语小e帖士 ☺☺☺.

请您根据下列意思分别在括号里填发跟帖出一条"一"字成语，请快快跟帖"一""e"，发"货"吧～～～，"一""e"好友链接，一定要秀出您的精彩哦～～～，OK！

    1. 文笔曲折叫做（　　）； 2. 发展迅速叫做（　　）；

    3. 水势浩大叫做（　　）； 4. 完全不懂叫做（　　）；

    5. 完全扫除叫做（　　）； 6. 毫不马虎叫做（　　）；

    7. 同样对待叫做（　　）； 8. 彻底肃清叫做（　　）；

    9. 非常广阔叫做（　　）；10. 屡犯错误叫做（　　）；

11. 获利丰富叫做（　　）；12. 独断专行叫做（　　）；

13. 说中要害叫做（　　）；14. 应有尽有叫做（　　）；

15. 任意挥霍叫做（　　）；16. 固定不变叫做（　　）；
17. 地势平坦叫做（　　）；18. 完全相同叫做（　　）；
19. 非常忠心叫做（　　）；20. 非常顺利叫做（　　）；
21. 时光宝贵叫做（　　）；22. 零星片断叫做（　　）；
23. 知道一点叫做（　　）；24. 一般交情叫做（　　）；
25. 一看明白叫做（　　）；26. 说话算数叫做（　　）；
27. 非常干净叫做（　　）；28. 没有办法叫做（　　）；
29. 极其危急叫做（　　）；30. 道路平安叫做（　　）；
31. 低微官职叫做（　　）；32. 一读书人叫做（　　）；
33. 一见倾心叫做（　　）；34. 旅途平安叫做（　　）；
35. 芸芸众生叫做（　　）；36. 高价文字叫做（　　）；
37. 态度和蔼叫做（　　）；38. 深厚感情叫做（　　）；
39. 极其糟糕叫做（　　）；40. 说话算数叫做（　　）。

♥♥♥ 答案链接 ♥♥♥→▶

1. 文笔曲折叫做一波三折；　2. 发展迅速叫做一日千里；
3. 水势浩大叫做一片汪洋；　4. 完全不懂叫做一窍不通；
5. 完全扫除叫做一扫而空；　6. 毫不马虎叫做一丝不苟；
7. 同样对待叫做一视同仁；　8. 彻底肃清叫做一网打尽；
9. 非常广阔叫做一望无际；10. 屡犯错误叫做一错再错；
11. 获利丰富叫做一本万利；12. 独断专行叫做一意孤行；
13. 说中要害叫做一语破的；14. 应有尽有叫做一应俱全；
15. 任意挥霍叫做一掷千金；16. 固定不变叫做一成不变；
17. 地势平坦叫做一马平川；18. 完全相同叫做一模一样；
19. 非常忠心叫做一片丹心；20. 非常顺利叫做一帆风顺；
21. 时光宝贵叫做一刻千金；22. 零星片断叫做一鳞半爪；
23. 知道一点叫做一知半解；24. 一般交情叫做一面之交；
25. 一看明白叫做一目了然；26. 说话算数叫做一诺千金；
27. 非常干净叫做一尘不染；28. 没有办法叫做一筹莫展；

29. 极其危急叫做一发千钧；　30. 道路平安叫做一路平安；

31. 低微官职叫做一阶半职；　32. 一读书人叫做一介书生；

33. 一见倾心叫做一见钟情；　34. 旅途平安叫做一路福星；

35. 芸芸众生叫做一切众生；　36. 高价文字叫做一字连城；

37. 态度和蔼叫做一团和气；　38. 深厚感情叫做一往情深；

39. 极其糟糕叫做一塌糊涂；　40. 说话算数叫做一言为定。

📖📖📖 9月22日 ☞☞☞

265 ☺☺☺ 人体器官部位成语健身会馆（三）☺☺☺.

下面都是带有人体器官部位的成语，您会填充这些带有人体器官部位的成语吗？请大家一起行动起来健健身吧，填填看吧！运动就是休闲，运动多多，好处多多，生命在于运动哦～～～。

1. □瞪□呆；　2. □花缭乱；　3. □若悬河；　4. □红□白；

5. □开□笑；　6. □聪□明；　7. 劈□盖□；　8. □亡□寒；

9. □濡□染；　10. □□之情；　11. 三□六□；　12. 面□耳□；

13. □清□秀；　14. 有□无□；　15. 仰□伸□；　16. 雕□琢□；

17. 鹰□鹗□；　18. □蜜□剑；　19. 搬□递□；　20. 伶□俐□；

21. 朗□舒□；　22. 痛□入□；　23. □□冬烘；　24. 粉□碎□；

25. 骈□枝□；　26. 鲠在□；　27. □短□长；　28. □开□绽；

29. □缠万贯；　30. □闻□睹；　31. □受敌；　32. 愁□苦□；

33. □慕□追；　34. □□相应；　35. 嬉□笑□；　36. □提□命；

37. □闻□睹；　38. 易如反□；　39. 悬梁刺□；　40. 奴颜婢□。

♥♥♥ 答案链接 ♥♥♥➔▶

1. 目瞪口呆；　2. 眼花缭乱；　3. 口若悬河；　4. 唇红舌白；

5. 眉开眼笑；　6. 耳聪目明；　7. 劈头盖脸；　8. 唇亡齿寒；

9. 耳濡目染；　10. 手足之情；　11. 三头六臂；　12. 面红耳赤；

13. 眉清目秀；14. 有眼无珠；15. 仰首伸眉；16. 雕肝琢肾；

17. 鹰鼻鹞眼；18. 口蜜腹剑；19. 搬唇递舌；20. 伶牙俐齿；

21. 朗目舒眉；22. 痛心入骨；23. 头脑冬烘；24. 粉身碎骨；

25. 骈拇枝指；26. 骨鲠在喉；27. 发短心长；28. 皮开肉绽；

29. 腰缠万贯；30. 耳闻目睹；31. 腹背受敌；32. 愁眉苦脸；

33. 心慕手追；34. 心手相应；35. 嬉皮笑脸；36. 耳提面命；

37. 耳闻目睹；38. 易如反掌；39. 悬梁刺股；40. 奴颜婢膝。

📖📖📖 9 月 23 日 🖐🖐🖐

266 ☺☺☺ 成语错别字美容矫治中心（三）☺☺☺.

下列成语中有没有错别字？请找出这些成语中的错别字，并改正。

1. 巍然依立； 2. 毫情满怀； 3. 仁至意尽； 4. 气势凶凶；

5. 汗流夹背； 6. 筋疲力捷； 7. 百折布饶； 8. 乌和之众；

9. 拾金不抹；10. 挤挤一堂；11. 忍劳忍怨；12. 心安里得；

13. 天反地复；14. 泼乱反正；15. 戒骄戒燥；16. 甜言密语；

17. 莫不关心；18. 娇生贯养；19. 言简意概；20. 错总复杂；

21. 雅雀无声；22. 兵慌马乱；23. 屡见不显；24. 与世长词；

25. 无源无故；26. 催枯拉朽；27. 中流抵柱；28. 负偶顽抗；

29. 落英宾纷；30. 首曲一指；31. 尉然成风；32. 暗然失色；

33. 赛翁失马；34. 旁证博引；35. 温文而雅；36. 如火纯青；

37. 络绎不决；38. 庆竹难书；39. 费寝忘食；40. 书香门地；

41. 龙凤承祥；42. 明知故文；43. 连篇累读；44. 沉鱼落燕；

45. 谈笑风声。

♥♥♥ 答案链接 ♥♥♥→▶

1. 巍然屹立； 2. 豪情满怀； 3. 仁至义尽； 4. 气势汹汹；

5. 汗流浃背； 6. 精疲力竭； 7. 百折不挠； 8. 乌合之众；

9. 拾金不昧； 10. 济济一堂； 11. 任劳任怨； 12. 心安理得；

13. 天翻地覆； 14. 拨乱反正； 15. 戒骄戒躁； 16. 甜言蜜语；

17. 漠不关心； 18. 娇生惯养； 19. 言简意赅； 20. 错综复杂；

21. 鸦雀无声； 22. 兵荒马乱； 23. 屡见不鲜； 24. 与世长辞；

25. 无缘无故； 26. 摧枯拉朽； 27. 中流砥柱； 28. 负隅顽抗；

29. 落英缤纷； 30. 首屈一指； 31. 蔚然成风； 32. 黯然失色；

33. 塞翁失马； 34. 旁征博引； 35. 温文尔雅； 36. 炉火纯青；

37. 络绎不绝； 38. 罄竹难书； 39. 废寝忘食； 40. 书香门第；

41. 龙凤呈祥； 42. 明知故问； 43. 连篇累牍； 44. 沉鱼落雁；

45. 谈笑风生。

📖📖📖 9月24日 ✑✑✑

267 ☺☺☺ 五字谜面成语谜猜猜猜 ☺☺☺.

　　请根据下面这些短语，各猜一条4字成语。

1. 万事不求人； 2. 遇事不求人； 3. 白云无尽时； 4. 多看无滋味；

5. 任意四边形； 6. 没关水龙头； 7. 家里待不住； 8. 给家捎个信；

9. 大海的歌声； 10. 哑巴打手势； 11. 武大郎设宴； 12. 千里通电话；

13. 不考虑中间； 14. 快刀斩乱麻； 15. 鲁达当和尚； 16. 武则天登基；

17. 从实际出发； 18. 冠亚军对弈； 19. 将军当农民； 20. 吕布遇貂蝉；

21. 门阔好迎客； 22. 大唐西游记； 23. 关羽战李逵； 24. 中秋后结婚；

25. 文物管理员。

♥♥♥ 答案链接 ♥♥♥→▶

1. 好自为之； 2. 自力更生； 3. 长篇大论； 4. 屡见不鲜；

5. 不拘一格； 6. 放任自流； 7. 喜出望外； 8. 言而无信；

9. 洋腔洋调； 10. 不言而喻； 11. 高朋满座； 12. 遥相呼应；

13. 瞻前顾后；14. 迎刃而解；15. 半路出家；16. 后来居上；
17. 不虚此行；18. 棋逢对手；19. 解甲归田；20. 一见钟情；
21. 宽以待人；22. 一本正经；23. 大刀阔斧；24. 喜出望外；
25. 抱残守缺。

📖📖📖 9 月 25 日 ☞☞☞

 ☺☺☺ 图案成语谜 ☺☺☺.

图案谜是以一些应时应景的日历、标志、图案等为素材制作谜面，运用借巧方法而猜射谜底的一种花色趣味谜语。请您根据下列图案猜射一条 4 字成语，并把猜射过程作一解析，破解一下鲁迅先生的起名之道，搜集一些鲁迅先生的取名趣闻。↙↘

×······×
1981 年 9 月
25
鲁迅先生诞辰
纪念日
★★
★★★ 星期五 ★★★
1881 年 9 月 25 日出生
生平简介：鲁迅（1881～1936），字豫才，
改名周树人，我国伟大的文学家、思想家、
革命家。

♥♥♥ 答案链接 ♥♥♥ ➔▶

成语：百年树人。（解析：鲁迅的原名周樟寿，是他的祖父福清在京所取，后改名为周树人，意为"十年树木，百年树人"，这是 1898 年他在南京水师学堂读书时，一位当学堂监督的本家爷爷为他改取的，寄寓了长辈的意愿。鲁迅生于 1881 年 9 月 25 日，距

谜面之日历日期数刚好是过了一百年，"百年""树人"字字切中，恰到好处。)

📖📖📖 9月26日 ☞☞☞

269 ☺☺☺ 根据成语猜成语人物谜 ☺☺☺

下面列举有30条成语或典故，您能根据这些成语或典故猜出它们的主角是谁吗？

1. 尽善尽美；   2. 中流击楫；   3. 十二金牌；   4. 滥竽充数；
5. 杀妻求将；   6. 火烧赤壁；   7. 单刀赴会；   8. 一去不复返；
9. 心织笔耕； 10. 司马青衫； 10. 破天荒；   11. 双喜临门；
13. 车载斗量； 14. 笔扫千军； 15. 笔力独扛； 16. 下笔成章；
17. 多多益善； 18. 江郎才尽； 19. 门庭若市； 20. 断头将军；
21. 梅妻鹤子； 22. 虚怀若谷； 23. 奋发图强； 24. 割席分坐；
25. 闭门羹；   26. 持之以恒； 27. 勇冠三军； 28. 两袖清风；
29. 凿壁偷光； 30. 用兵如神。

♥♥♥ 答案链接 ♥♥♥→▶

1. 孔子；2. 祖逖；3. 秦桧；4. 南郭先生；5. 吴起；6. 周瑜；7. 关羽；8. 荆轲；9. 王勃；10. 白居易；11. 刘蜕；12. 王安石13. 刘咨；14. 韩愈，李白；15. 韩愈；16. 曹植；17. 韩信；18. 江淹；19. 邹忌；20. 严颜；21. 林逋；22. 刘完素，张元素；23. 司马迁；24. 管宁，华歆；25. 史凤；26. 陶宗仪；27. 李陵；28. 于谦；29. 匡衡；30. 诸葛亮。

📖📖📖 9月27日 🐛🐛🐛

270 ☺☺☺ 智填成语漏字谜 ☺☺☺.

脑力 ing➜ 请您在下列每一组词语的空方格内分别填入一条成语，使这条成语的前两个字与每一组词语的前两个字组成一条成语，并且使这条成语的后两个字与每一组词语的后两个字组成一条成语。赶快行动吧！您能在3分钟内完成吗？您一定会成功闯关哦~~~！

1. 一德☐☐☐☐孤行；　　2. 笔扫☐☐☐☐齐暗；

3. 两袖☐☐☐☐入怀；　　4. 手援☐☐☐☐盛世；

5. 付之☐☐☐☐度外；　　6. 满城☐☐☐☐共济；

7. 有朝☐☐☐☐迢迢；　　8. 求之☐☐☐☐惶惶；

9. 去向☐☐☐☐之冤；　　10. 明辨☐☐☐☐彼此；

11. 为期☐☐☐☐同风；　　12. 怡然☐☐☐☐无穷；

13. 夷为☐☐☐☐亭榭；　　14. 倚官☐☐☐☐太甚；

15. 狼子☐☐☐☐生机；　　16. 不名☐☐☐☐一提；

17. 近在☐☐☐☐长征；　　18. 流水☐☐☐☐以对；

19. 世故☐☐☐☐自知；　　20. 疮痍☐☐☐☐绿水；

21. 一字☐☐☐☐百万；　　22. 千秋☐☐☐☐不老；

23. 成事☐☐☐☐缓急；　　24. 功在☐☐☐☐相传；

25. 深藏☐☐☐☐俱厉；　　26. 前赴☐☐☐☐问津；

27. 锦绣☐☐☐☐同风；　　28. 不相☐☐☐☐同德；

29. 森罗☐☐☐☐换代；　　30. 泪流☐☐☐☐中坐。

♥♥♥ 答案链接 ♥♥♥➜▶

1. 一德 一心一意 孤行；　　2. 笔扫 千军万马 齐暗；

3. 两袖 清风明月 入怀；　　4. 手援 天下太平 盛世；

5. 付之 一笑置之 度外；　　6. 满城 风雨同舟 共济；

7. 有朝一日千里迢迢;　　8. 求之不得人心惶惶;
9. 去向不明不白之冤;　　10. 明辨是非不分彼此;
11. 为期不远万里同风;　　12. 怡然自得其乐无穷;
13. 夷为平地楼台亭榭;　　14. 倚官仗势欺人太甚;
15. 狼子野心勃勃生机;　　16. 不名一钱不值一提;
17. 近在咫尺万里长征;　　18. 流水落花无言以对;
19. 世故人情冷暖自知;　　20. 疮痍满目青山绿水;
21. 一字千金一掷百万;　　22. 千秋万古长青不老;
23. 成事不足轻重缓急;　　24. 功在千秋万代相传;
25. 深藏不露声色俱厉;　　26. 前赴后继无人问津;
27. 锦绣前程万里同风;　　28. 不相上下同心同德;
29. 森罗万象更新换代;　　30. 泪流满面春风中坐。

📖📖📖📖 9 月 28 日 ☞☞☞

⟨271⟩　☺☺☺ **孔子与成语** ☺☺☺.

　　孔子是春秋末期我国古代一位伟大的教育家、思想家,儒家学派的创始人和代表人物,他终身致力于教育事业,创造了许多教育方法,为中国的教育、文化作出了杰出贡献。作为先哲,孔子为世人留下了丰富隽永的德育教育思想,后人尊称孔子为"文成至圣先师"和"万世表"。孔子的思想在中国历史上影响最大,时间最久,涉及面最广,在世界上也有很大影响。任继愈说:"孔子是中华民族传统文化的象征"。爱默生说:"孔子是全世界各民族的光荣"。在成语中,有大量成语都与孔子息息相关的,其中绝大部分成语出自《论语》。请列举 70 条这样的成语,以此纪念孔子诞辰日。

♥♥♥ 答案链接 ♥♥♥→▶

有教无类；克己复礼；中庸之道；不亦乐乎；杀身成仁；三思而行；
因材施教；循循善诱；不耻下问；身体力行；朝闻夕死；器满则倾；
过犹不及；道听途说；诲人不倦；尽善尽美；宽猛相济；乐在其中；
知命之年；从心之年；发愤忘食；直道而行；任重道远；苗而不秀；
述而不作；文质彬彬；驷不及舌；欲罢不能；如琢如磨；执两用中；
饱食终日；举一反三；岁寒松柏；以文会友；名正言顺；富贵浮云；
不义富贵；举直错枉；观过知仁；以德报怨；以直报怨；以德报德；
上智下愚；见贤思齐；成人之美；择善而从；适可而止；盈满则弓；
温良恭俭让；学而时习之；温故而知新；一言以蔽之；欲速则不达；
知耻近乎勇；不幸而言中；不以人废言；无可无不可；
不知老之将至；割（杀）鸡焉用牛刀；人至察则无徒；水至清则无鱼；
和为贵，忍为上；三人行必有我师；道不同，不相为谋；
知其不可而为之；君子爱财，取之有道；食不厌精，脍不厌细；
不在其位，不谋其政；一则以喜，一则以惧；
工欲善其事，必先利其器。

📖📖📖 9 月 29 日 ༼༼༼

272 ☺☺☺ "心"字成语集装箱 ☺☺☺.

　　请列举含有"心"字的4字成语40条，请长点"心"吧！愿"心"
字成语集装箱越长越有料，"心""货物"装得越来越多彩。

♥♥♥ 答案链接 ♥♥♥→▶

心猿意马，心明眼亮，心比天高，心旷神怡，心平气和，心广体胖，
心直口快，心心念念，心照不宣，心领神会；赏心悦目，一心一意，
处心积虑，回心转意，推心置腹，提心吊胆，问心无愧，平心静气，

死心塌地，称心如意；言为心声，动人心弦，沁人心脾，口是心非，做贼心虚，语重心长，铁石心肠，枉费心机，挖空心思，见猎心喜；万众一心，有口无心，一片丹心，十指连心，力不从心，漠不关心，不得人心，一见倾心，深入人心，大快人心。

📖📖📖 9月30日 🍂🍂🍂

273 ☺☺☺ 趣猜成语字画谜 ☺☺☺.

请您分别根据下面30幅字画或字画方格中文字的形状、组合方式、神态等不同特点，猜射出30条相应的成语来。

1. 材用；2. ●；3. 题做；4. 人 > 天；5. 阶及；6. 丝毫；

7. 思思思➝行；8. 万千；9. 心德；10. 扰；11. 干净净；

12. 字珠 13. 漏；14. 智 15. 公公公 16. 和 湿 愚

国 睦 17. 凶 > 吉；18. 兄 > 弟；19. 权旁；

20. 口；21. ！！；22. 日秋秋秋；23. 客；24. 座铭；

座 ；；

25. 和 26. 石

27. 恫；28. ；29. 扁；30. 文清

♥♥♥ 答案链接 ♥♥♥➝

1. 大材小用；2. 漆黑一团；3. 大题小做；4. 人定胜天；

5. 一阶半级；6. 一丝一毫；7. 三思而行；8. 万紫千红；

9. 一心一德；10. 半推半就；11. 一干二净；12. 一字一珠

13. 上漏下湿；14. 上智下愚；15. 一国三公；16. 上和下睦；
17. 凶多吉少；18. 兄肥弟瘦；19. 大权旁落；20. 因小失大；
21. 点点滴滴；22. 一日三秋；23. 座上客；24. 座右铭；
25. 一团和气；26. 水滴石穿；27. 忙里偷闲；28. 一波三折；
29. 风雨同舟；30. 文情并茂。

第四篇　成语趣味游戏宝典
（冬卷）

☺☺☺ 十月 ▶ ▶ ▶

成语游戏人生，从今天开始！

📖📖📖 10 月 1 日 ☞☞☞

274 ☺☺☺ 填文字拼成语组祝词庆国庆 ☺☺☺.

为热烈庆祝繁荣昌盛的中华人民共和国"十一"国庆节，请您在下图空格内，填上适当的字，使它们竖向读分别与"中华人民共和国万岁"组成 4 字成语 18 条，并组成具有赞美色彩词义充分体现爱国主义精神的两句祝颂词语："中华人民共和国万岁！"以此来祝福祖国普天同庆"国庆节"，为祖国妈妈的生日献上一份最美好的礼物吧！！！

中	华	人	民	共	和	国	万	岁									
									中	华	人	民	共	和	国	万	岁

♥♥♥ 答案链接 ♥♥♥→▶

中流砥柱，华封三祝，人定胜天，民康物阜，共同致富，和气致祥，国泰民安，万象更新，岁寒三友。秀外惠中，含英咀华，以理服人，广土众民，荣辱与共，心平气和，尽忠报国，成千上万，千秋万岁。

📖📖📖10月2日☞☞☞

275 ☺☺☺填"十一"成语欢乐共度国庆☺☺☺.

请您在右面 ➡ 图中空格内填上适当的字，使之组成分别含有"十"、"一"、"国"、"庆"、"乐"这5个汉字的5条4字成语，以此普天同庆共庆"十一"国庆佳节。

♥♥♥ 答案链接 ♥♥♥➡▶

十全十美，九九归一，国泰民安，普天同庆；乐育人才。

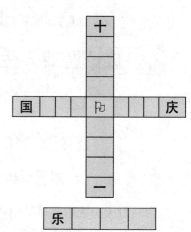

📖📖📖10月3日☞☞☞

276 ☺☺☺趣填 "祖国万岁"成语游戏☺☺☺.

请您在下图的空格内填上恰当的字，使之组成为分别含有"祖"、"国"、"万"、"岁"这4个汉字的16条4字成语。
➡

祖					国
	祖			国	
		祖		国	
		祖	国		
		万	岁		
	万		岁		
	万			岁	
万					岁

♥♥♥ 答案链接 ♥♥♥➔▶

祖龙一聚，祖祖辈辈，天恩祖德，数典忘祖；尽忠报国，天姿国色，祸国殃民，国计民生，一掷百万，日理万机，十万火急，万象更新，岁月如流，一岁三迁，峥嵘岁月，长命百岁。

📖📖📖10 月 4 日 ☞☞☞

277 ☺☺☺巧填成语庆祝"老年人"节 ☺☺☺.

"每逢佳节倍思亲""父母恩情深似海"，中华民族素有敬老爱老的传统美德，"老吾老及人之老"。在"九九"重阳"老年人节"来临之际，请在右图中空格内填上恰当的字，使其或每一横行读，或每一竖行读，都分别可以组成为一条 4 字成语，试试看，您能填出来吗？一起行动起来吧！人人为老年人祝福万寿无疆吧！为我们的父母及全体老年人献上一片爱心吧！

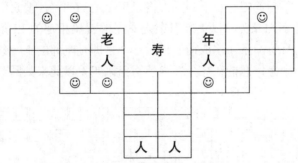

♥♥♥ 答案链接 ♥♥♥→▶

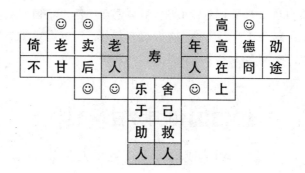

📖📖📖10 月 5 日

278 ☺☺☺老人节"老"～"友"成语接龙 ☺☺☺

在九九重阳"老年人节"来临之际，重磅爱心奉献"老友"→请开动一下脑筋吧！在下列空方格里填上适当的字，使它们组成为以"老"字为龙头、以"友"字为龙尾的首尾相连的 13 条 4 字成语接龙，且每一条 4 字成语的最后一个字即是毗邻的下一条 4 字成语的第一个字，您能在 3 分钟内填写出来吗？以此来共同欢喜庆祝"九九老年人节"吧！

老□□□，□□□□，□□□□，□□□□，□□□□，
□□□□，□□□□，□□□□，□□□□，□□□□，
□□□□，□□□□，□□□友。

♥♥♥ 答案链接 ♥♥♥→▶

老生常谈，谈笑风生，生花妙笔，笔头生花，花天酒地，
地久天长，长生不老，老当益壮，壮志凌云，云开见日，
日久天长，长命百岁，岁寒三友。

📖📖📖10 月 6 日 ☞☞☞

279 ☺☺☺ **填成语畅游《少年大世界》** ☺☺☺.

请在下列方格内填入适当的字，使其每一横行横向读可组成 30 条 4 字成语，以真挚体现中国少年儿童对《少年大世界》杂志的喜爱之情，以充分展现新时代中国少年儿童全新的精神风貌。大显身手填成语，畅游《少年大世界》。Yeah！→

♥♥♥ **答案链接** ♥♥♥→►

少	年	老	成
年	高	德	劭
大	才	槃	槃
不	世	之	材
放眼	世	界	
今	是	昨	非
老	少	皆	宜
延	年	益	寿
生	儿	育	女
鹤发	童	颜	
有	的	放	矢
除暴	安	良	
师	严	道	尊
获	益	匪	浅
岁寒	三	友	
不宁	唯	是	
少	安	毋	躁
年	富	力	强

左图（空白填字格）中央竖读为：儿 童 展 现 时 代 新 风 采 的 窗 口

右图（答案）：

	儿	女	成	行		
返	老	还	童			
	大	展	鸿	图		
	现	身	说	法		
	时	不	我	待		
人	事	代	谢			
万	象	更	新			
	风	华	正	茂		
丰	富	多	采			
众	矢	之	的			
	窗	明	几	净		
	口	碑	载	道		

📖📖📖 10 月 7 日 ☞☞☞

280 ☺☺☺ 人人趣填成语祝福老年节好 ☺☺☺.

"老吾老及人之老"。在右面图中正中间呈现"老年节好"4个大字，请开动一下脑筋吧！请在下图中空方格里填入适当的字，使图中形成以"老年节好"4个字为中心或横向读或竖向读都可以组成4字成语，以此来共同祝福老年人"老年节好"！✍ ↘

♥♥♥ 答案链接 ♥♥♥→▶↓

日	积	月	累	一	叶	知	秋
久	四	下	百	节	公	好	高
天	面	老	年	节	好	自	气
长	八	人	大	高	龙	为	爽
千	方	百	计	升	斗	之	禄

📖📖📖📖10月8日 🖐🖐🖐

281 ☺☺☺ 填文字组成语猜地名 ☺☺☺.

请在下面方格内填入适当的字组成成语，再把填入的字连成一句话，根据这句话猜射中国一省会地名。

□大根深，□本水源，□新月异，□日夜夜，□叶成荫。
□光明媚，□厉内荏，□下花前，□白风清，□婚燕尔。

♥♥♥ 答案链接 ♥♥♥→▶

树大根深，木本水源，日新月异，日日夜夜，绿叶成荫。
春光明媚，色厉内荏，月下花前，月白风清，新婚燕尔。
地名：长春。

📖📖📖📖10月9日 🖐🖐🖐

282 ☺☺☺ "成"—"语"辐射接龙填空 ☺☺☺.

请展开万向辐射思维，在下列"成""语"两字周边空格中填上适当的字，使"成""语"这两字四周或横向读，或竖向读，组成15条4字成语语词，限3分钟又好又快填完，您一定能行哦！

□	小	失	□	下	□	千	言
有	功	□	□				
□	□	妙	一				
业	就	□	成	语	□	心	□
□	地	□	万	□	命		
于	□	上	□	石	岁		
□	□	万	万	□	千	□	□

♥♥♥ 答案链接 ♥♥♥➜▶

因	小	失	大	下	笔	千	言
有	功	天	人				
成	告	妙	一				
业	就	家	成	语	重	心	长
精	地	千	万	坚	命		
于	正	上	言	石	百		
勤	法	万	万	千	千	穿	岁

📖📖📖 10 月 10 日 ☞☞☞

283 ☺☺☺ 趣组"一～十"数字熟语 ☺☺☺.

请列举出以数字一、二、三、四、五、六、七、八、九、十为开头的熟语。(熟语包含成语、歇后语、谚语、惯用语、格言等。)

♥♥♥ 答案链接 ♥♥♥➜▶

一日三秋;一手包办;一是一,二是二;一举手之劳;一年之计在于春。二三其德;二姓之好;二竖为虐;二百五;二一添作五。三长两短;三日打鱼,两日晒网;三人行必有我师;三十六策,走为上计；三个臭皮匠，合成一个诸葛亮。四分五裂；四平八稳；四体不勤，五谷不分；四海为家；四面八方。五心六意；咸五登三；五颜六色；五谷丰登；五彩缤纷。六街三市；六月飞霜；六通四辟；六亲不认；六神无主。七长八短；七步之才；七出之条；七拼八凑；七擒七纵。八仙过海，各显神通；八斗之才；八面玲珑；八面威风；八百孤寒。九死一生；九牛二虎之力；九牛一毛；九霄云外；九九归一。十发十中；十八般武艺；十万火急；十指连心；十步之内，必有芳草。

📖📖📖10 月 11 日 ☜☜☜

284 ☺☺☺ 读成语，思古人（三）☺☺☺.

有的成语，本身就是一个动人的故事，而且故事里都有主角，例如："负荆请罪"的主角就是廉颇。请您填出下列成语的主角是谁？您能在 3 分钟内正确地填出来吗？试试看吧！您一定能完成哦！

1. 约法三章； 2. 千军万马； 3. 鹤立鸡群； 4. 三迁之教；
5. 釜底抽薪； 6. 完璧归赵； 7. 敏而好学； 8. 门庭若市；
9. 闻鸡起舞；10. 笑里藏刀；11. 怒发冲冠；12. 洛阳纸贵；
13. 运筹帷幄；14. 马革裹尸；15. 投笔从戎；
16. 绕梁三日（余音绕梁）；17. 四面楚歌；18. 如火如荼；
19. 欲盖弥彰；20. 鬼斧神工。

♥♥♥ 答案链接 ♥♥♥➔►

1. 刘邦；2. 陈庆之；3. 嵇康，嵇绍；4. 孟子；5. 曹操，袁绍；6. 蔺相如；7. 孔子；8. 邹忌；9. 祖逖；10. 李义府；11. 蔺相如；12. 左思；13. 张良；14. 马援；15. 班超；16. 韩娥；17. 项羽；18. 夫差（吴国国王）；19. 崔杼；20. 梓庆。

📖📖📖10 月 12 日 ☞☞☞

285 ☺☺☺ 成语接龙"棋"乐融融 ☺☺☺.

琴棋书画，乃文人雅趣四艺，陶情益智。每当休闲时刻，邀请同学好友，摆上一座"擂台"，设立一个"智力竞技场"，结合成语接龙玩玩棋艺，创新玩法"棋"乐融融；这种成语接龙内容有一定的自主性、益智性、多元性，有利于智力多维开发和知识链接拓展，培养正确的输赢观，在娱乐中增长乐趣，在玩中打造健康体魄，在玩中达到益智强识，塑造乐观心态，丰富文化生活，可在学校内外广为推行。具体游戏规则是：

1. 棋类不限，象棋、陆战棋、跳棋、孔明棋、麻将、斗兽棋、围棋、飞行棋等均可作为参战竞技范围。参赛人数：2 人以上。

2. 各类棋的基本套路玩法与各类棋原来的规定保持基本不变，这种成语接龙"棋"乐融融，都是对各类棋玩法的延伸补充、创新发展和丰富娱乐。

3. 每走一步棋，请您结合该棋子上的字或者图案名称说出一条成语，要求这条成语必须含有该棋子上的这个字或图案名称。特殊情况下，也可以根据棋子上的字或图案名称说出一条含有该棋子上的字或图案名称的歇后语、谚语、俗语、名言警句、经典语录或者一个人名、一本书名、一部影视剧名、一个地名，要求每走一步棋必须说出一次，而且必须保持连接下去，否则就得退出竞技擂台（淘汰出战局。）

4. 参战棋手一边说出成语，一边走棋，直到擂台竞技战局结束。

5. 必要时，要求每一局（步）棋中，前面已经说过的内容，下一局（次）不得重复，力求每一步每一套路每一招数创新不断。否则，就不能前进。如果说错了或者说重复了，同步的这颗棋子将退出战局，只能去做"革命烈士"了。请举例说明。(详见"答案链接"说明)。

6. 以"石头剪子布"决定谁先走棋，输者先走棋。

7. 必要时，"擂台"竞技可适当采取点助威激励机制，活跃气氛，以保持成语接龙"棋"乐融融盛久不衰，分享胜利的喜悦不断。

♥♥♥ 答案链接 ♥♥♥→▶

1. 以陆战棋为例：陆战棋中，无论依据棋子中的哪一个字接说均可，如："司令"可以用"司"说出"司空见惯"，也可以用"令"说出"令行禁止"；"旅长"可以用"旅"说出"旅进旅退"，"长"说出"长年三老"；等等。2. 以象棋为例：走"马"日，可以说出"马到成功"；走"象（相）"，可说出"象齿焚身（相得益彰）"；等等。3. 以斗兽棋为例：走"龙"，可说出"龙腾虎跃"；走"兔"，可说出"兔死狐悲"；等等。4. 以麻将为例：出"二万"可说出"二三其德"，也可以说出"万紫千红"；等等。5. 以飞行棋为例：走"红飞机"可说出"红光满面"，也可以说出"飞黄腾达"；等等。

📖📖📖10月13日 ☙☙☙

286 ☺☺☺ 猜家庭生活情景短剧成语谜 ☺☺☺.

请您分别根据下列4则家庭生活情景短剧所述规定动作猜射6条成语。

1. 阿酷要求阿帅以电视机做道具做两个动作猜两条成语：阿帅随即把电视机打开，电视机银屏出现了画面和声音，过了16秒钟后，阿帅就把电视机关了。请根据阿帅这两个情景动作猜两条成语。这是什么成语呢？

2. 奶奶拿着细线正对着针眼准备穿针引线，爷爷问阿帅："您能用一条成语来表述奶奶刚才的这个情景动作吗？"猜猜看。

3. 在厨房餐桌上放着一碗煮熟的鸡蛋，吃早饭时，妈妈拿起一个鸡蛋击破鸡蛋一端，竖立在餐桌上。妈妈请阿酷用一条成语来表达妈妈刚才的这个情景动作，您能帮阿酷猜猜吗？

4. 在客厅茶几上摆着一盆石山盆景，盆景石山上放着一只小老虎玩具，乖乖虎拿起这只小老虎玩具，瞧了又瞧后，就把小老虎玩具放回原处。您能用两条成语来表述乖乖虎刚才的这个情景短剧规定的动作吗？哈哈 ～～～，加把劲，show 出您的精彩，好有趣滴～～～。

♥♥♥ 答案链接 ♥♥♥→▶

1. 有声有色，不露声色；2. 望眼欲穿；3. 不破不立；
4. 调虎离山，放虎归山。

📖📖📖10 月 14 日 ☞☞☞

287 ☺☺☺ 找对手填反义字组成语 ☺☺☺.

请找规律，在下面空方格里填上语素义相反或相对的字，构成 4 字成语。

1. 瞻□顾□；2. 战□斗□；3. □不敌□；4. 以□凌□；
5. □奉□违；6. □不齐；7. □曲□工；8. 弄□成□；
9. 扬□避□；10. □争□斗；11. □口□声；12. □征□战；
13. □中□有；14. 功□垂□；15. 拿□挟□；16. □仇□恨；
17. 飞□流□；18. 去□取□；19. 取□补□；20. 抑□顿□；
21. 以□胜□；22. 删□就□；23. □见□怪；24. □□其手；
25. 掩□扬□；26. □行□效；27. □将□报；28. □报□仇；
29. 假□济□；30. 以□带□；31. □肉□食；32. 居□思□；
33. □里逃□；34. □察□访；35. □妆□抹；36. 以□为□；
37. 善□善□；38. □□分明；39. 半□不□；40. 惩□劝□；
41. 辞□迎□；42. □茹□吐；43. □嘲□讽；44. 因□假□；
45. □善□淫；46. 抑□扶□；47. 若□若□；48. □脉□灸；
49. 环□燕□；50. □来□受；51. □极□来；52. □门□户；
53. □儒□释；54. 绝□光□；55. 党□伐□；56. □□倒置；

57. 就□论□；　58. □乱□弃；　59. 才□识□；　60. 酒□舌□；

61. □取□守；　62. 知□守□；　63. 势□形□；　64. □□离合

65. 丝□线□；　66. 吐□茹□；　67. □□维谷；　68. □寸□尺；

69. □勇□谋；　70. 嘘□问□；　71. □旅□旅；　72. 坐观□□；

73. □交□攻；　74. 若□若□；　75. 粥□僧□；　76. □张□魏；

77. 与世□□；　78. □□履绳；　79. 是□非□；　80. 绝□光□。

♥♥♥ 答案链接 ♥♥♥➔►

1. 瞻前顾后；　2. 战天斗地；　3. 寡不敌众；　4. 以强凌弱；

5. 阳奉阴违；　6. 良莠不齐；　7. 异曲同工；　8. 弄巧成拙；

9. 扬长避短；　10. 明争暗斗；　11. 异口同声；　12. 南征北战；

13. 无中生有；　14. 功败垂成；　15. 拿粗挟细；　16. 新仇旧恨；

17. 飞短流长；　18. 去粗取精；　19. 取长补短；　20. 抑扬顿挫；

21. 以少胜多；　22. 删繁就简；　23. 少见多怪；　24. 上下其手；

25. 掩恶扬善；　26. 上行下效；　27. 恩将仇报；　28. 公报私仇；

29. 假公济私；　30. 以虚带实；　31. 弱肉强食；　32. 居安思危；

33. 死里逃生；　34. 明察暗访；　35. 浓妆淡抹；　36. 以退为进；

37. 善始善终；　38. 奖罚分明；　39. 半生不熟；　40. 惩恶劝善；

41. 辞旧迎新；　42. 柔茹刚吐；　43. 冷嘲热讽；　44. 因公假私；

45. 福善祸淫；　46. 抑强扶弱；　47. 若有若无；　48. 急脉缓灸；

49. 环肥燕瘦；　50. 逆来顺受；　51. 否极泰来；　52. 同门异户；

53. 阳儒阴释；　54. 绝后光前；　55. 党同伐异；　56. 轻重倒置；

57. 就实论虚；　58. 始乱终弃；　59. 才多识寡；　60. 酒入舌出；

61. 逆取顺守；　62. 知雄守雌；　63. 势合形离；　64. 悲欢离合；

65. 丝来线去；　66. 吐刚茹柔；　67. 进退维谷；　68. 进寸退尺；

69. 有勇无谋；　70. 嘘寒问暖；　71. 进旅退旅；　72. 坐观成败；

73. 远交近攻；　74. 若明若暗；　75. 粥少僧多；　76. 生张熟魏；

77. 与世浮沉；　78. 进退履绳；　79. 是古非今；　80. 绝后光前。

📖📖📖10 月 15 日 ☞☞☞

288 ☺☺☺ 成语哑谜（三）☺☺☺.

游艺联欢会上，桌上摆着 1 封信，信封里面有 6 张钞票：票额是 20 元的、10 元的、5 元的、2 元的、1 元的、1 角的各 1 张。主持人请大家用这个已封好口夹有钞票的信封猜哑谜，并要求参加猜谜的人不准说话，先后分别做 4 个动作，猜 6 条成语和中国的一个地名。大家思考了一下，站在后排的大顺子分开人群，走到桌子前面，先拿起这封信却不打开这封信就交给主持人；就这样停滞了 1 分钟；大顺子又从主持人手中争夺来信封并撕开封口；分别将 20 元的、10 元的、5 元的、2 元的、1 元的钞票都抽了出来，只留下 1 张 1 角的钞票不动。主持人看着高兴地说："恭喜您，大顺子猜对了，这个夹有钞票的信封就是从大顺子家拿来的，麻烦大顺子拿回家去"。请问：您知道大顺子猜射出的六条成语和地名分别是什么呢？

♥♥♥ 答案链接 ♥♥♥➜▶

1. 原封不动；2. 分秒必争；3. 信手拈来；4. 信口开河；5. 一毛不拔；6. 物归原主。**地名**：开封。

📖📖📖10 月 16 日 ☞☞☞

289 ☺☺☺ 均分图形组"民生"成语 ☺☺☺.

右面图形是由 36 个方格组成的正方形，请您把下图分成形状、大小完全相同的 4 块，使每块图形中分别都含有一条与"民生"有关的 4 字成语。➜

	国		泰		
		民			安
民		国	强	富	
	治	安	国		民
				计	
生		民		国	

♥♥♥ 答案链接 ♥♥♥→►

(本题具体划分法见下图内粗线划分所示)。

	国		泰		
		民			安
民		国	强	富	
	治	安	国		民
				计	
生		民		国	

这 4 条成语是：

治国安民；国泰民安；强国富民；国计民生。

📖📖📖📖 10 月 17 日 🎏🎏🎏

290 ☺☺☺ "一" 与 "千" 字组合成语填空谜 ☺☺☺.

请您在下列空方格内填入适当的字，使下列成语组成 "千□一□" 和 "一□千□" 句式 4 字成语。

千□一□，千□一□，千□一□，千□一□，千□一□，
千□一□，千□一□，千□一□，千□一□，千□一□，
千□一□，千□一□，千□一□，一□千□，一□千□，
一□千□，一□千□，一□千□，一□千□，一□千□，
一□千□，一□千□，一□千□，一□千□，一□千□，
一□千□，一□千□，一□千□。

♥♥♥ 答案链接 ♥♥♥→►

千岁一时，千载一遇，千篇一律，千虑一失，千载一会，千虑一得，
千人一面，千金一笑，千金一掷，千钧一发，千载一时，千年一回，

千载一合，一举千里，一日千里，一曲千金，一泻千里，一掷千金，一字千金，一诺千金，一落千丈，一篇千言，一发千钧，一饭千金，一刻千金，一壶千金，一笑千金，一遍千言。

10 月 18 日

291 ☺☺☺ 填补成语学古诗 ☺☺☺.

请在下列括号里填补适当的字补齐下列成语，连接句子，并说说这些诗句出自哪个朝代哪位诗人哪首诗词呢？补充成语学古诗，一举两得乐悠悠哦～～～。

1. 抚节悲歌，声振林木，响（　）行（　）。
2. 月（　）乌（　）霜满天，江枫渔火对愁来。
3. 千（　）万（　）瞳瞳日，总把新桃换旧符。
4. 月（　）花（　）莫怆然，花须终发月须圆。
5. （　）空见（　）浑闲事，断尽苏州刺史肠。
6. 十（　）五（　）岁则熟，左餐右粥身自康。
7. 多少长安名利客，（　）（　）（　）（　）不如君。
8. 醉中不得相亲问，故遣（　）（　）（　）（　）来。
9. （　）（　）（　）（　）一轮满，长伴云衢千里明。
10. （　）（　）此（　）（　），但余钟磬音。
11. 会桃李之芳园，序（　）（　）之乐事。
12. 曲（　）通（　）处，禅房花木深。
13. （　）（　）（　）（　）在何处？古人今人留不住。
14. 火（　）银（　）合，星桥铁锁开。
15. 桃花流水窅然去，（　）有（　）地非人间。

♥♥♥ 答案链接 ♥♥♥→▶

1. 响（彻）行（云），（魏晋六朝时期.《列子·汤问》）；

2. 月（落）乌（啼），（唐·张继《枫桥夜泊》）；3. 千（门）万（户），（北宋·王安石《元日》）；4. 月（缺）花（残），（唐·温庭筠《和友人伤歌姬》）；5. （司）空见（惯），（唐·刘禹锡《赠李司空妓》）；6. 十（风）五（雨），（宋·陆游《剑南诗稿·子聿至湖上待其归》）；7. （机）（关）（用）（尽），（宋·黄庭坚《山谷集·牧童歌诗》）；8. （青）（州）（从）（事），（唐·皮日休《谢人送酒》）；9. （平）（分）（秋）（色），（宋·李朴《中秋》）；10. （万）（籁）此（俱）（寂），（唐·常建《常建集·题破山寺后禅院》）；11. （天）（伦）之乐，（唐·李白《春夜宴从弟桃花园序》）；12. 曲（径）通（幽），（唐·常建《题破山寺后禅院》）；13. （九）（十）（风）（光），（南唐·陈陶《春归去》）；14. 火（树）银（花），（宋·苏味道《正月十五夜》）；15. （别）有（天）地，（唐·李白《山中回答》诗）。

📖📖📖 10 月 19 日 ✍✍✍

292 ☺☺☺ 趣填成语组汽车品牌名（二）☺☺☺.

下面每一组成语中，或含有某一个机动车品牌称谓，请您在下面每一组成语空方格内填上适当的字，使每组成语每一横行都成为一条带有某一个机动车品牌称谓的成语。

1. 源远流□□如泰山；　2. 半青半□□汾门下；

3. 呼风唤□□雁代飞；　4. 原原本□□月桑时；

5. 源远流□□下之盟；　6. 四平八□□官贵人；

7. 富丽堂□□冕堂皇；　8. 去天尺□□星之火；

9. 削发为□□中之约；　10. 山上有□□到渠成；

11. 冠冕堂□□履倒易；　12. 千军万□□朝金粉；

13. 一字千□□理成章；　14. 五湖四□□到成功；

15. 神通广□□家之好；　16. 如获至□□日方长；

17. 万事亨□□武之地；　18. 逐日追□□机妙算；

19. 当轴处□□封三祝；20. 风行一□□华正茂；

21. 一路福□□到成功；22. 引以为□□凤祥麟；

23. 称王称□□远知骥；24. 一笑千□□飞凤舞；

25. 振兴中□□钟暮鼓；26. 五湖四□□到成功；

27. □九归一□生九子；28. □星之火□到成功；

29. □不我待□调雨顺；30. □情画意□气风发；

31. □不拾遗□踞龙盘；32. □故鼎新□婚燕尔；

33. □人献芹□工枚速；34. □至如归□用厚生；

35. □鹭忘机□马香车；36. □富多彩□月桑时；

37. □贵荣华□庄大道；38. □和年丰□拆代行；

39. □身说法□拆代行；40. □走相告□名中外；

41. □立独行□不可当；42. □炉冬扇□在千秋；

43. □已成舟□质蕙心；44. □都大邑□之不竭；

45. □自为之□用自如；46. □展宏图□用自如；

47. □战速决□蛟起凤；48. □歌里抃□不可当；

49. □马奔驰□足先登；50. □富国强□气风发；

51. □□挂角羊肠鸟道；52. 开□辟地万□俱寂；

53. 与□俱进世□相传；54. 天下为□升官加□；

55. 空穴来□良辰美□；56. □显神通超群出□；

57. □和日丽良辰美□；58. □治久安竹报平□；

59. 琼楼玉□万事亨□；60. 八字打□□雪兆丰年。

♥♥♥ 答案链接 ♥♥♥→►

1. 源远流 长安 如泰山；2. 半青半 黄河 汾门下；3. 呼风唤雨 燕雁代飞；4. 原原本 本田 月桑时；5. 源远流 长城 下之盟；6. 四平八 稳达 官贵人；7. 富丽堂 皇冠 冕堂皇；8. 去天尺 五星 星之火；9. 削发为 尼桑 中之约；10. 山上有 山水 到渠成；11. 冠冕堂 皇冠 履倒易；12. 千军万 马六 朝金粉；13. 一字千 金顺 理成章；14. 五湖四 海马 到成功；15. 神通广 大通 家之好；16. 如获至 宝来 日方长；

17. 万事亨<u>通</u>用武之地；18. 逐日追<u>风</u>神机妙算；19. 当轴处<u>中华</u>封三祝；20. 风行一<u>时</u>风华正茂；21. 一路福<u>星</u>马到成功；22. 引以为<u>荣威</u>凤祥麟；23. 称王称<u>霸</u>道远知骥；24. 一笑千金<u>龙飞凤舞</u>；25. 振兴中<u>华</u>晨钟暮鼓，26. 五湖四<u>海</u>马到成功；27. <u>九九归一龙</u>生九子；28. <u>星星之火</u>马到成功；29. <u>时</u>不我待风调雨顺；30. <u>诗</u>情画意<u>意</u>气风发；31. <u>路</u>不拾遗<u>虎</u>踞龙盘；32. <u>革</u>故鼎新<u>新</u>婚燕尔；33. <u>野</u>人献芹<u>马</u>工枚速；34. <u>宾</u>至如归<u>利</u>用厚生；35. <u>欧鹭</u>忘机<u>宝</u>马香车；36. <u>丰</u>富多彩<u>田</u>月桑时；37. <u>富</u>贵荣华<u>康</u>庄大道；38. <u>时</u>和年丰<u>代</u>拆代行；39. <u>现</u>身说法<u>代</u>拆代行；40. <u>奔</u>走相告<u>驰</u>名中外；41. <u>特</u>立独行<u>锐</u>不可当；42. <u>夏</u>炉冬扇<u>利</u>在千秋；43. <u>木</u>已成舟<u>兰</u>质蕙心；44. <u>通</u>都大邑<u>用</u>之不竭；45. <u>好</u>自为之<u>运</u>用自如；46. <u>大</u>展宏图<u>运</u>用自如；47. <u>速</u>战速决<u>腾</u>蛟起凤；48. <u>途</u>歌里拃<u>锐</u>不可当；49. <u>骏</u>马奔驰<u>捷</u>足先登；50. <u>民</u>富国强<u>意</u>气风发；51. <u>羚羊</u>挂角<u>羊</u>肠鸟道；52. <u>开</u>天辟地<u>万</u>籁俱寂；53. <u>与时</u>俱进<u>世代</u>相传；54. 天下为<u>公</u>升官加<u>爵</u>；55. 空穴来<u>风</u>良辰美<u>景</u>；56. <u>大</u>显神通超群出<u>众</u>；57. <u>风</u>和日丽良辰美<u>景</u>；58. <u>长</u>治久安竹报平<u>安</u>；59. 琼楼玉<u>宇</u>万事亨<u>通</u>；60. 八字打<u>开</u>瑞雪兆丰年。

📖📖📖10 月 20 日 ✐✐✐

293 ☺☺☺填"雪""花"谜成语 ☺☺☺.

请分别以下列"雪"、"花"两个字为中心，采用多向辐射思维，填写出分别含有"雪"、"花"2 字的 4 字成语各 6 条，宛如雪花花开 6 瓣，故名"雪花谜"。

1. 雪；   2. 花。

♥♥♥ 答案链接 ♥♥♥→▶

1. ［雪中送炭］
　　🐕⇧⇧↗
［雪虐风饕］ ⇦［雪］⇨［风花雪月］
［冰天雪地］↙⇩↖［沉冤昭雪］
　　　［冰魂雪魄］

2. ［花枝招展］
　　🐕⇧⇧↗
花好月圆 ◀⇦［花］⇨［花萼相辉］
［街巷花街］↙⇩↖　［月下花前］
　　　［花花世界］

📖📖📖 10 月 21 日 ☞☞☞

294 ☺☺☺ 幽默风趣的"十字令"词语 ☺☺☺.

请根据不同的感情色彩分别列举歌颂清官和刻画汉奸的"十字令"成语和常用词语。（幽默可乐指数：*****）

♥♥♥ 答案链接 ♥♥♥→▶

歌颂清官的"十字令"词语：一尘不染（一介不取），两袖清风，三思而行，四海承风，五湖扬名，六神镇定，七情安然，八路作风，九泉无愧，十全十美。

刻画汉奸的"十字令"词语：一手遮天下，两面三刀子，三头两面具，四分五裂化，五体投地面，六亲全不认，七歪八扭相，八面威风生，九死混一生，十恶人不赦。

📖📖📖 10 月 22 日 ☞☞☞

295 ☺☺☺ 成语与数理化学科谜 ☺☺☺.

请根据下列成语，按要求分别猜射数理化学科谜语。

1. 跃跃欲试（猜数学名词一）；2. 一言为定（猜数学名词一）；

3. 面面俱到（猜数学名词一）；4. 药到病除（猜数学名词一）；

5. 千姿百态 (猜数学名词一)；6. 追本溯源 (猜数学名词一)；

7. 货真价实 (猜数学名词一)；8. 严阵以待 (猜数学名词一)；

9. 同室操戈 (猜数学名词一)；

10. 不管三七二十一 (猜数学名词一)；

11. 等闲视之 (猜物理名词一)；12. 斤斤计较 (猜物理名词一)；

13. 万籁俱寂 (猜物理名词一)；

14. 势均力敌 (猜物理化学名词一)；

15. 岿然不动 (猜物理名词一)；16. 时来运转 (猜物理名词一)；

17. 投桃报李 (猜物理名词一)；18. 四平八稳 (猜物理名词一)；

19. 家徒四壁 (猜物理名词一)；

20. 化干戈为玉帛 (猜物理名词一)；

21. 望梅止渴 (猜化学名词一)；22. 好逸恶劳 (猜化学名词一)；

23. 取而代之 (猜化学名词一)；24. 能屈能伸 (猜化学名词一)；

25. 重蹈覆辙 (猜化学名词一)；26. 东拼西凑 (猜化学名词一)；

27. 丰衣足食 (猜化学名词一)；28. 杞人忧天 (猜化学名词一)；

29. 引火烧身 (猜化学名词一)；

30. 气吞山河 (猜化学元素名二)；

31. 高歌猛进 (猜物理名词一)；

32. 心有灵犀一点通 (猜物理名词一)。

♥♥♥ 答案链接 ♥♥♥➍▶

1. 等比；2. 反对数表；3. 容积；4. 开方，正切；5. 多面体；6. 求根；7. 绝对值；8. 等角；9. 内角；10. 无理数；11. 等闲视之；12. 比重；13. 声全息；14. 平衡；15. 静止；16. 点位移；17. 正反馈；18. 十二安；19. 空间；20. 脱离角；21. 酸性反应；22. 惰性；23. 置换反应；24. 可塑性；25. 还原；26. 聚合物；27. 饱和；28. 过滤；29. 自燃；30. 氙，氚；31. 空调，音速；32. 互感。

📖📖📖10月23日 ✍✍✍

296 ☺☺☺ 填对子联成语 ☺☺☺.

下列成语都有下联，请您在下列成语后面的空方格内给这些成语分别配对填出一条对仗工整、意思相对的下联成语。

1. 固若金汤——□□□□； 2. 伶牙俐齿——□□□□；
3. 门庭若市——□□□□； 4. 点金成铁——□□□□；
5. 粗茶淡饭——□□□□； 6. 精雕细刻——□□□□；
7. 雪中送炭——□□□□； 8. 井然有序——□□□□；
9. 下里巴人——□□□□； 10. 流芳百世——□□□□。

♥♥♥ 答案链接 ♥♥♥→▶

1. 危如累卵； 2. 笨嘴拙舌； 3. 门可罗雀； 4. 点石成金；
5. 山珍海味； 6. 粗制滥造； 7. 锦上添花； 8. 杂乱无章；
9. 阳春白雪； 10. 遗臭万年。

📖📖📖10月24日 ✍✍✍

297 ☺☺☺ 成语注音词语释义 ☺☺☺.

请您读出下列20条成语每个词的读音，并解释字下面标有着重号词的语素含义。

1. 草菅人命（ ）； 2. 拾级而上（ ）； 3. 不省人事（ ）；
4. 休戚与共（ ）； 5. 身体力行（ ）； 6. 按部就班（ ）；
7. 余勇可贾（ ）； 8. 百无聊赖（ ）； 9. 提纲挈领（ ）；
10. 不速之客（ ）； 11. 日薄西山（ ）； 12. 畏缩不前（ ）；
13. 移风易俗（ ）； 14. 报仇雪恨（ ）； 15. 举世闻名（ ）；
16. 中原逐鹿（ ）； 17. 美轮美奂（ ）； 18. 发聋振聩（ ）；

19. 铺糟啜醨（　　）；20. 磬控纵送（　　）。

♥♥♥ 答案链接 ♥♥♥→▶

1. 草菅人命（菅：一种野草）；2. 拾级而上（拾：沿着）；

3. 不省人事（省：知觉）；4. 休戚与共（休：喜悦；戚：悲哀）；

5. 身体力行（体：体验）；6. 按部就班（部：次序）；

7. 余勇可贾（贾：卖）；

8. 百无聊赖（聊：依靠）；

9. 提纲挈领（挈：提起）；

10. 不速之客（速：邀请）；

11. 日薄西山（薄：迫近）；

12. 畏缩不前（畏：害怕）；

13. 移风易俗（易：改变）；

14. 报仇雪恨（雪：洗掉）；

15. 举世闻名（举：全）；

16. 中原逐鹿（逐：追逐）；

17. 美轮美奂（奂：鲜明、盛大的样子）；

18. 发聋振聩（聩：耳聋）；

19. 铺糟啜醨（啜：喝；醨：薄酒）；

20. 磬控纵送（磬：放开马跑；控：停止住马跑）。

📖📖📖📖 10月25日 ☞☞☞

298 ☺☺☺ 填方位词组成语（三）☺☺☺.

下列30条成语中都含有方位词，请在每一条成语空余的方格内填入适当的字，使这些方位词成语完整。

1. 东□□□；　2. 南□北□；　3. □高□下；　4. 北□□□；
5. 南□□□；　6. 旁□□□；　7. 南□北□；　8. □南□北；
9. 里□外□；10. 东□□□；11. 北□□□；12. 南□北□；
13. 北□□□；14. 内□外□；15. 旁□左□；16. 外□内□；
17. 外□内□；18. 左□右□；19. □上□下；20. □前□后；
21. 前□后□；22. □高□低；23. 南□北□；24. 南□北□；
25. 南□□□；26. □□□中；27. 后□□□；28. □□□里；
29. 后□□前；30. 高□□，低□□。

♥♥♥ 答案链接 ♥♥♥→▶

1. 东施效颦；　2. 南鹞北鹰；　3. 居高临下；　4. 北鄙之音；
5. 南面百城；　6. 旁观者清；　7. 南枝北枝；　8. 天南地北；
9. 里勾外连；10. 东海扬尘；11. 北道主人；12. 南辕北辙；
13. 北辕适楚；14. 内忧外患；15. 旁门左道。16. 外圆内方；
17. 外刚内柔；18. 左邻右舍；19. 七上八下；20. 瞻前顾后；
21. 前呼后拥；22. 山高水低；23. 南腔北调；24. 南阮北阮；
25. 南柯一梦；26. 当轴处中；27. 后起之秀；28. 鞭辟入里；
29. 后浪推前浪；30. 高不成，低不就。

📖📖📖10 月 26 日 ☜☜☜

299 ☺☺☺ "□"里应填什么数字组成语 ☺☺☺.

请在下面方格里填入数字，组成"一～十"的数字成语。

□目了然，□本正经，□日之长，□心□意，□丝□毫，□□其德，
□姓之好，□人成虎，□年之艾，□令□申，挑□拣□，□面□方，
□平□稳，□色无主，□花□门，□尺之孤，□亲无靠，□拼□凑，
□零□落，□拜之交，□字打开，□死□生，□世之仇，□全□美，
□步芳草。

♥♥♥ 答案链接 ♥♥♥➜►

一目了然，一本正经，一日之长，一心一意，一丝一毫，二三其德，
二姓之好，三人成虎，三年之艾，三令五申，挑三拣四，四面八方，
四平八稳，五色无主，五花八门，六尺之孤，六亲无靠，七拼八凑，
七零八落，八拜之交，八字打开，九死一生，九世之仇，十全十美，
十步芳草。

📖📖📖10 月 27 日 ☜☜☜

300 ☺☺☺ 趣组十二生肖接龙成语（三）☺☺☺.

请您按十二生肖排列接龙顺序组拼成两组 12 条含有十二生肖
动物称谓的 4 字成语。

♥♥♥ 答案链接 ♥♥♥➜►

第一组： 城狐社鼠，鼷鼠食牛，虎视眈眈，龟毛兔角，

云龙凤虎，龙头蛇尾，非驴非马，告朔饩羊，

弄鬼掉猴，鸡犬升天，驴鸣狗吠，泥猪癞狗。

第二组：偃鼠饮河，牛鬼蛇神，骑虎难下，狮子搏兔，
屠龙之技，佛口蛇心，犬马之劳，羊质虎皮，
猕猴骑士牛，山鸡舞镜，狗尾续貂，人怕出名猪怕壮。

📖📖📖10 月 28 日 ☞☞☞

301 ☺☺☺ 慧眼识别真伪，争做打假能手 ☺☺☺.

[益智趣味选择抢答题] 下列 4 个备选答案中只有一个是正确答案，请排除干扰，在这 4 个备选答案中选出一个正确的，将其正确答案的字母代码填在每一道题项后面的空括号里。

1. 成语"买椟还珠"是比喻：（   ）

A、取舍得当；B、取舍失当；C、意想不到；D、有得有失。

2. 成语"风吹草动"是说（   ）把风吹草动都当做敌兵杀来。

A、曹操；B、项羽；C、符坚；D、关羽。

3. 您选择下列哪句成语与"雪上加霜"这句成语意义相同呢？（   ）

A、变本加厉；B、再接再厉；C、精益求精；D、将错就错。

4. 成语"司空见惯"中的"司空"是什么意思呢？（   ）

A、人名；B、古代官职名；C、天空；D、司仪。

5. 成语"走马观花"的"走"的意义是：（   ）

A、本义；B、比喻义；C、基本义；D、引申义。

6. 下列成语中有错别字的是：（   ）

A、一筹莫展；B、相形见绌；C、貌和神离；D、兴高采烈。

7. 成语"动如参商"的意思是：（   ）

A、行为光明磊落；B、不能全面；C、行动迅速；D、像商人一样行为异常。

8. 成语"蜀犬吠日"的意思是：（   ）

A、像四川的狗叫；B、四川的狗在太阳下叫着；C、四川的狗很少叫；D、讥讽人少见多怪，与"粤犬吠雪"意思相同。

9. 成语"竟达空函"的意思是：（　）

A、送达空的信函；B、送达航空信函；C、比喻做事过分小心反而出错；D、互相争着送空信。

10. 与成语"粤犬吠雪"意思相同的成语是（　）

A、龙吟虎啸；B、驴鸣狗吠；C、蜀犬吠日；D、风声鹤唳。

11. 下列成语中哪条成语是形容人朗诵吟咏或歌啸声音的嘹亮的？（　）

A、脍炙人口；B、龙吟虎啸；C、凤吟鸾吹；D、龙跃凤鸣。

12. 下列成语中加点字的读音都完全正确的一组是：（　）

A、力能扛（kang）鼎，咬文嚼（jue）字，大腹便（pian）便（pian）；

B、虚与委蛇（yi），落（luo）井下石，自怨自艾（yi）；

C、一曝（pu）十寒，恬（tian）不知耻，大大落（luo）落（luo）；

D、数（shu）见不鲜，方兴未艾（ai），博闻强识（shi）。

13. 一位病人躺在手术台的心情是怎么样呢？请用一条成语来回答：（　）

A、仰面朝天；B、心比天高；C、任人宰割；D、心急火燎。

14. 神话成语故事"夸父逐日"中的夸父是用什么交通工具去追赶太阳的，请选择：（　）

A、坐马车；B、骑马；C、跑步；D、坐汽车。

15. 成语"从心之年"的意思是：（　）

A、70岁；B、心情舒畅的一年；C、事业顺利的一年；D、心满意足的一年。

♥♥♥ 答案链接 ♥♥♥➜▶

1. B；2. C；3. A；4. B；5. B；6. C；7. B；8. D；9. C；
10. C；11. B；12. B；13. C；14. C；15. A。

📖📖📖 10月29日 ☞☞☞

[302] ☺☺☺ 争做成语注音行家 ☺☺☺

快快快一锤定音——请在3分钟内给下列30条成语注音。

1. 囊萤照书；　2. 枯杨生稊；　3. 数见不鲜；　4. 饔飧不继；

5. 火耕水耨；　6. 觥筹交错；　7. 千里迢迢；　8. 浑身解数；

9. 参差不齐；　10. 批郤导窾；　11. 婆娑起舞；　12. 魑魅魍魉；

13. 虚怀若谷；　14. 鳞次栉比；　15. 未雨绸缪；　16. 我黼子佩；

17. 怃訾栗斯；　18. 咄咄怪事；　19. 相形见绌；　20. 麟趾呈祥；

21. 酗酒滋事；　22. 不待蓍龟；　23. 补苴罅漏；　24. 簠簋不饬；

25. 戛然而止；　26. 探赜索隐；　27. 风鬟雾鬓；　28. 风檐寸晷；

29. 命俦啸侣；　30. 哀多益寡。

♥♥♥ 答案链接 ♥♥♥→▶

1. náng yíng zhào shū 囊萤照书；
2. kū yáng shēng tí 枯杨生稊；
3. shuò jiàn bù xiān 数见不鲜；

4. yōng sūn bù jì 饔飧不继；
5. huǒ gēng shuǐ nòu 火耕水耨；
6. gōng chóu jiāo cuò 觥筹交错；

7. qiān lǐ tiáo tiáo 千里迢迢；
8. pó suō qǐ wǔ 浑身解数；
9. cēn cī bù qí 参差不齐；

10. pī xì dǎo kuǎn 批郤导窾；
11. pó suō qǐ wǔ 婆娑起舞；
12. chī mèi wǎng liǎng 魑魅魍魉；

13. xū huái ruò gǔ 虚怀若谷；
14. lín cì zhì bǐ 鳞次栉比；
15. wèi yǔ chóu móu 未雨绸缪；

16. wǒ fǔ zǐ pèi 我黼子佩；
17. zú zǐ lì sī 怃訾栗斯；
18. duō duō guài shì 咄咄怪事；

19. xiāng xíng jiàn chù 相形见绌；
20. lín zhǐ chéng xiáng 麟趾呈祥；
21. xù jiǔ zī shì 酗酒滋事；

22. bù dài shī guī 不待蓍龟；
23. bǔ jū xià lòu 补苴罅漏；
24. fǔ guǐ bù chì 簠簋不饬；

25. jiá rán ér zhǐ 戛然而止；
26. tàn zé suǒ yǐn 探赜索隐；
27. fēng huán wù bìn 风鬟雾鬓；

28. fēng yán cùn guǐ 风檐寸晷；
29. mìng chóu xiào lǚ 命俦啸侣；
30. póu duō yì guǎ 哀多益寡。

📖📖📖10 月 30 日 ☞☞☞

[303]　　☺☺☺ **填成语，歌盛世** ☺☺☺.

当前，我们正逢盛世，国家政通人和，社会安定团结，人民幸福美满。请在下图空格内填上适当的文字，使它们竖向读分别与"喜"、"逢"、"新"、"时"、"代"、"中"、"国"、"更"、"精"、"彩"、"人"、"民"、"歌"、"盛"、"世"、"科"、"学"、"大"、"发"、"展"这20个汉字组成20条4字成语，以此来精彩描绘祖国人民喜逢盛世安居乐业、神州大地勃勃生机科学发展的雄伟蓝图，深情祝福我们伟大的祖国更加繁荣富强，和谐美好！

喜	逢	新	时	代					
					中	国	更	精	彩

填成语 ◆✪◆ 歌盛世

人	民	歌	盛	世					
					科	学	大	发	展

喜	逢	新	时	代	秀	尽	半	精	丰
跃	人	陈	不	拆	外	忠	夜	益	富
抃	说	代	我	代	惠	报	三	求	多
舞	项	谢	待	行	中	国	更	精	彩

填成语 ◆✪◆ 歌盛世

人	民	歌	盛	世	发	敏	光	意	花
寿	富	功	极	外	策	而	明	气	枝
年	国	颂	一	桃	决	好	正	风	招
丰	强	德	时	源	科	学	大	发	展

📖📖📖 10 月 31 日 ☞☞☞

[304] ☺☺☺ 填成语，游世博 ☺☺☺.

请在下面成语的空方格内填入适当的字，使这些被填入的首字和尾字连接起来分别组成上海世博会的一句主题口号和一句祝福上海世博会圆满成功的颂语。

1. □下之盟，□井小人，□枣推梨，□龙活虎，□龙活现，□深人静，□意延年，□语似珠。

2. 弹冠相□，磬香祷□，迎头赶□，五湖四□，不可一□，地大物□，声势浩□，心领神□，破镜重□，肠肥脑□，水到渠□，好大喜□。

♥♥♥ 答案链接 ♥♥♥➡▶

1. 城下之盟，市井小人，让枣推梨，生龙活虎，活龙活现，更深人静，美意延年，好语似珠。

2. 弹冠相庆，磬香祷祝，迎头赶上，五湖四海，不可一世，地大物博，声势浩大，心领神会，破镜重圆，肠肥脑满，水到渠成，好大喜功。

可组成上海世博会主题口号和祝福上海世博会颂语分别是：

1. 城市，让生活更美好。（此句系首字相连接成句子）。

2. 庆祝上海世博大会圆满成功。（此句系尾字相连接成句子）

☺☺☺ 十一月 ▶ ▶ ▶

成语游戏人生，从今天开始！

📖📖📖📖11月1日 ☞☞☞

[305] ☺☺☺ 谁说的话更可信呢？ ☺☺☺.

许多成语源于谚语，谚语是人民群众口头广为流传的通俗、简练、有深刻含义的现成话，是群众实践经验的结晶，但由于某些人认识上的差异，导致同一事物说法不一，令人纠结闹心，浮云一片，不知道该相信谁说的话，其结果只能是"仁者见仁，智者见智"。请分别回答出与下列35条谚语意思完全相反的说法和成语。

1．有仇不报非君子；2．礼多人不怪；3．留得青山在，不怕没柴烧；4．爬得高，摔得重，（高处不胜寒）；5．出淤泥而不染；6．兔子不吃窝边草；7．知无不言，言无不尽；8．靠人不如靠己；9．狗改不了吃屎；10．龙行天下（龙传天下）；11．男子汉大丈夫，能屈能伸；12．人靠衣裳马靠鞍；13．久病床前无孝子；14．金钱不是万能的；15．三岁看小，七岁看老；16．欲加之罪，何患无辞？17．好死不如赖活着；18．欲速则不达；19．国事家事天下事，事事关心；20．和为贵，忍为上；21．无可奈何花落去，（可遇而不可求）；22．使功不如使过；23．知无不言，言无不尽，畅所欲言；24．上天无路，入地无门；25．知难而退；26．吃着碗里的，想着锅里的，（贪得无厌，贪赃无艺）；27．浅学即止；28．好事不出门，坏事传千里；29．一人做事一人当；30．小心驶得万年船，（宁走十步远，不走一步险）；31. 亲帮亲，邻帮邻，天下穷人帮穷人，（一个篱笆三个桩，一个好汉三个帮）；32. 荷花虽好，也要绿叶扶持；33. 人不为己，天诛地灭；34. 斯可忍，孰不可忍；35. 前怕虎，后怕狼。

♥♥♥ 答案链接 ♥♥♥→▶

1. 宰相肚里好撑船；2. 礼轻情谊重；3. 宁为玉碎，不为瓦全；4. 人往高处走；5. 近朱者赤，近墨者黑；6. 近水楼台先得月；7. 沉默是金；8. 一个好汉三个帮；9. 败子回头金不换；10. 强龙不压地头蛇；11. 男子汉大丈夫，宁死不屈；12. 人不可貌相，海水不可斗量；13. 百善孝为先，（忠孝难以两全）；14. 有钱能买鬼推磨；15. 小时了了，大未必佳；16. 莫须有；17. 宁为玉碎，不为瓦全，（宁肯站着死，不可跪着生）；18. 趁热好打铁，（速战速决）；19. 事不关己，高高挂起；20. 是可忍，孰不可忍；21. 事在人为，（谋事在人，成事在天）；22. 论功行赏，（功名重山岳）；23. 言多必有失，（祸从口出，是非只为多开口，为政不在多言)；24. 天无绝人之路,（车到山前必有路)；25. 知难而进,（世上无难事，只要肯登攀，天下无难事，只怕有心人）；26. 知足者常乐，（见好就收）；27. 活到老，学到老，（学无止境，学问茫茫无尽期）；28. 家丑不可外扬；29. 张公吃酒李公醉；30. 大胆天下去得，小心寸步难行；31. 各人自扫门前雪，莫管他人瓦上霜；32. 求人不如求己；33. 与人方便，自己方便，（助人为乐，我为人人，人人为我）；34. 小不忍则乱大谋；35. 初生牛犊不怕虎。

📖📖📖11月2日 ☞☞☞

306 ☺☺☺ 趣填古人名猜成语人物谜 ☺☺☺.

请您先填写出下列歇后语的历史人物，然后再分别根据这些歇后语各猜出一条4字成语。

1. □□挂腰刀——□□□□；
2. □□断案子——□□□□；
3. □□走麦城——□□□□；
4. □□战马超——□□□□；
5. □□追韩信——□□□□；
6. □□杀关公——□□□□；
7. □□服孔明——□□□□；
8. □□借东风——□□□□；
9. □□进曹营——□□□□；
10. □□摔孩子——□□□□；
11. □□放严颜——□□□□；
12. □□失荆州——□□□□；
13. □□灭三国——□□□□；
14. □□说梅林——□□□□；
15. □□□之心——□□□□。

♥♥♥ 答案链接 ♥♥♥→▶

1. 曹操挂腰刀——不文不武； 2. 包公断案子——铁面无私；
3. 关公走麦城——最后一招； 4. 许褚战马超——赤膊上阵；
5. 刘邦追韩信——识得人才； 6. 孙权杀关公——嫁祸于人；
7. 孟获服孔明——七擒七纵； 8. 孔明借东风——巧用天时；
9. 徐庶进曹营——一言不发； 10. 刘备摔孩子——假仁假义；
11. 张飞放严颜——粗中有细； 12. 关公失荆州——骄兵必败；

13. 司马灭三国——势如破竹；14. 曹操说梅林——望梅止渴；
15. 司马昭之心——路人皆知。

📖📖📖📖11 月 3 日 ☞☞☞

307 ☺☺☺趣填成语表示文字变化关系 ☺☺☺.

下列每一组中的后一个字均是通过移动前一个字的笔画、部首的方位，通过前后两个字的字形、字义的变化而来，这种趣味花色谜又叫做"移位体字谜"、"参差谜"。请在下列方格内分别填入一条成语，准确无误地表示出前后两个字之间的变化关系。

1. 咬——□□□□——交；　2. 杭——□□□□——航；

3. 忍——□□□□——想；　4. 禽——□□□□——擒；

5. 题——□□□□——页；　6. 瓜——□□□□——爪；

7. 人——□□□□——囚；　8. 泪——□□□□——洱；

9. 认——□□□□——人；10. 咄——□□□□——出；

11. 念——□□□□——含；12. 感——□□□□——喊；

13. 粥——□□□□——米；14. 波——□□□□——破；

15. 票——□□□□——飘；16. 佬——□□□□——僮；

17. 龙——□□□□——聋；18. 杞——□□□□——松；

19. 茵——□□□□——莱；20. 钾——□□□□——钿；

21. 槟——□□□□——柱；22. 咕——□□□□——吟；

23. 旭——□□□□——旦；24. 记——□□□□——认；

25. 痛——□□□□——捅；26. 暗——□□□□——音；

27. 皿——□□□□——血；28. 焚——□□□□——林；

29. 流——□□□□——硫；30. 做——□□□□——文；

31. 天——□□□□——人；32. 鱼——□□□□——渔；

33. 鲥——□□□□——鱼；34. 暗——□□□□——立；

35. 者——□□□□——睹；36. 吝——□□□□——文；

37. 往——□□□□——主；38. 过——□□□□——迟；

39. 泵——□□□□——石；40. 沿——□□□□——船。

♥♥♥ 答案链接 ♥♥♥→▶

1. 一口咬定； 2. 木已成舟； 3. 拔刀相助； 4. 手到擒来；

5. 一无是处； 6. 瓜熟蒂落； 7. 陷身囹圄； 8. 以耳代目；

9. 陈言务去；10. 脱口而出；11. 有口无心；12. 有口无心；

13. 左右开弓；14. 水落石出；15. 闻风而起；16. 返老还童；

17. 充耳不闻；18. 克己奉公；19. 有来无回；20. 解甲归田；

21. 反客为主；22. 古往今来；23. 九死一生；24. 舍己为人；

25. 手到病除；26. 有口难言；27. 一针见血；28. 引火自焚；

29. 水落石出；30. 前无古人；31. 巧夺天工；32. 如鱼得水；

33. 时不再来；34. 避实就虚；35. 有目共睹；36. 出口成章；

37. 一往无前；38. 得寸进尺；39. 水落石出；40. 水涨船高。

📖📖📖11 月 4 日 ☞☞☞

308 ☺☺☺ 成语哑谜（四）☺☺☺.

哑谜谜面别致，猜法奇特，心领神会，雅致幽默。请您猜射下列成语哑谜。

在年终总结庆功娱乐会上，主持台上边摆着一把水果刀，主持台旁边拴着一根长绳子。主持人对着大喇叭喊，要求参加猜谜的人做一个动作，猜一条 4 字成语。

正在大家思索的时候，只见坐在后排的阿童木师傅走到主持台前，拿起这把水果刀，把拴着的长绳子一刀切成两段后转身离去。主持人高兴地宣布："恭喜您，阿童木师傅猜中了。"您知道这位阿童木师傅猜的是哪条成语呢？

♥♥♥ 答案链接 ♥♥♥➔▶

成语：一刀两断。

📖📖📖📖11 月 5 日 ✐✐✐

309 ☺☺☺ 人体器官部位成语健身会馆（四）☺☺☺.

请在下列方格内填入人体器官部位名称，组成成语。

1. 张□结□；　2. 瞠□结□；　3. 金刚怒□；　4. 搜索枯□；

5. 酒有别□；　6. 臼□深□；　7. 脱□换□；　8. 自有□□；

9. 擢□难数；　10. 如雷贯□；　11. 人□如□；　12. 摩□接□；

13. 摩顶放□；　14. 奴颜婢□；　15. 奴颜媚□；　16. 怒□冲冠；

17. 龙□皓□；　18. □欢□笑；　19. 延□企□；　20. 掩人□□；

21. □明□亮；　22. 断□决□；　23. □花缭乱；　24. □高于顶；

25. □高□低；　26. 扣人□弦；　27. 愁□锁□；　28. 朗□疏□；

29. 了如□□；　30. 焦□烂□；　31. 崭露□角；　32. 卧薪尝□；

33. 炙□可热；　34. 易如反□；　35. 巧□如簧；　36. 张□舞□；

37. □聪□明；　38. 反□相讥；　39. 另□相看；　40. 束□束□；

41. 首屈一□；　42. 夺□换□；　43. □□一新；　44. □花□笑；

45. 提□吊□；　46. 全无□□；　47. 牛□马□；　48. □□相传；

49. □直□快；　50. □□相照；　51. □道而驰；　52. □舞□蹈；

53. □下无子；　54. □上明珠；　55. □不应□；　56. □讲□画；

57. □行□步；　58. □甜□苦；　59. 蹑□蹑□；　60. 蟒□蛾□。

♥♥♥ 答案链接 ♥♥♥➔▶

1. 张口结舌；　2. 瞠目结舌；　3. 金刚怒目；　4. 搜索枯肠；

5. 酒有别肠；　6. 白头深目；　7. 脱胎换骨；　8. 自有肺肠；

9. 擢发难数；　10. 如雷贯耳；　11. 人心如面；　12. 摩肩接踵；

13. 摩顶放踵; 14. 奴颜婢膝; 15. 奴颜媚骨; 16. 怒发冲冠;
17. 庞眉皓发; 18. 眉欢眼笑; 19. 延颈企踵; 20. 掩人耳目;
21. 眼明心亮; 22. 断脰决腹; 23. 眼花缭乱; 24. 眼高于顶;
25. 眼高手低; 26. 扣人心弦; 27. 愁眉锁眼; 28. 朗目疏眉;
29. 了如指掌; 30. 焦头烂额; 31. 崭露头角; 32. 卧薪尝胆;
33. 炙手可热; 34. 易如反掌; 35. 巧舌如簧; 36. 张牙舞爪;
37. 耳聪目明; 38. 反唇相讥; 39. 另眼相看; 40. 束手束脚;
41. 首屈一指; 42. 夺胎换骨; 43. 耳目一新; 44. 眉花眼笑;
45. 提心吊胆; 46. 全无心肝; 47. 牛头马面; 48. 口耳相传;
49. 心直口快; 50. 肝胆相照; 51. 背道而驰; 52. 手舞足蹈;
53. 膝下无子; 54. 掌上明珠; 55. 口不应心; 56. 口讲指画;
57. 膝行肘步; 58. 嘴甜心苦; 59. 蹑手蹑脚; 60. 螓首蛾眉。

📖📖📖11月6日 🐛🐛🐛

310 ☺☺☺ 军事成语集团 ☺☺☺.

请您在下列成语后面的方格里分别填写出军事成语。

1. 重赏之下, □□□□; 2. 风声鹤唳, □□□□;
3. 短兵相接, □□□□; 4. 内修政策, □□□□;
5. 义者无敌, □□□□; 6. 富国强兵, □□□□;
7. 犒赏三军, □□□□; 8. 城下之盟, □□□□;
9. 兵不厌诈, □□□□; 10. 兵来将挡, □□□□;
11. 并驾齐驱, □□□□; 12. 兵无常势, □□□□;
13. 韩信将兵, □□□□; 14. 用兵如神, □□□□;
15. 损兵折将, □□□□; 16. 冲锋陷阵, □□□□;
17. 潜谋独断, □□□□; 18. 旗开得胜, □□□□;
19. 运筹帷幄, □□□□; 20. 丢盔卸甲, □□□□;
21. 运用之妙, □□□□; 22. 鹬蚌相争, □□□□;

23．一夫当关，□□□□；24．曹刿论战，□□□□；

25．众志成城，□□□□；26．战无不胜，□□□□；

27．明枪易躲，□□□□；28．明修栈道，□□□□；

29．胜在得威，□□□□；30．穷兵黩武，□□□□；

31．威武之师，□□□□；32．养兵千日，□□□□；

33．城下之盟，□□□□；34．避其锐气，□□□□；

35．千军易得，□□□□；36．乘胜追击，□□□□；

37．射人先射马，□□□□□。

♥♥♥ 答案链接 ♥♥♥→▶

1．必有勇夫；　2．草木皆兵；　3．兵戎相见；　4．外治武备；

5．骄者先来；　6．整军经武；　7．论功行赏；　8．兵车之会；

9．兵不厌权；10．水来土掩；11．并行不悖；12．文无定法；

13．多多益善；14．兵贵神速；15．残兵败将；16．大有其人；

17．整军经武；18．马到成功；19．决胜千里；20．辙乱旗靡；

21．存乎一心；22．渔翁得利；23．万夫莫开；24．一鼓作气；

25．众口铄金；26．攻无不克；27．暗箭难防；28．暗度陈仓；

29．败在失气；30．全民皆兵；31．兵多将广；32．用兵一时；

33．兵临城下；34．击其惰归；35．一将难求；36．及锋而试；

37．擒贼先擒王。

11 月 7 日 ☞☞☞

311 ☺☺☺ 我会看图填成语 ☺☺☺．

请根据下列图中每一字母项的提示将有关 4 字成语分别填入相对应的方格内。

A、淝水之战；B、相传燧人氏用人工方法生火；C、赵括长平之战战败；D、祖逖立志北伐；E、陈胜、吴广起义；F、华佗的高超医术；G、晋楚城濮之战；H、刘邦入咸阳，收买人心；I、雷锋的无私奉献精神；J、处事的一种策略，暂时避开难点，攻其弱点，待条件成熟，全面突破；K、语出《史记》，形容人态度和蔼可亲。

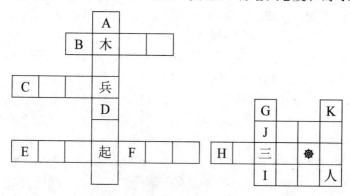

♥♥♥ 答案链接 ♥♥♥→▶✔

A、草木皆兵；B、钻木取火；C、纸上谈兵；D、闻鸡起舞；E、揭竿而起；F、起死回生；G、退避三舍；H、约法三章；I、舍己为人；J、避难就易；K、平易近人。

📖📖📖11 月 8 日 ☞☞☞

312 ☺☺☺ 植物成语王国（三）☺☺☺.

请您在下列成语的空格内填入一种与植物有关的字和名称，使之分别组成为含有植物名称的植物成语。

1. □□一现； 2. 一□一□； 3. 不知□□； 4. 水性□□；
5. 出谷迁□； 6. 人面□□； 7. 月中折□； 8. 成□在胸；
9. □木皆兵； 10. □大招风； 11. 刨□问底； 12. 采□赠药；
13. 野人献□； 14. 巢□一□； 15. 寸□春晖； 16. 故宫□□；
17. □连□引； 18. 蚂蚁缘□； 19. □□断角；

20. 十米之内，必有芳□；21. □飐绵绵；22. □字初分；

23. 二□杀三士；24. 尘垢□□；25. 哀□蒸食；26. 含□问疾；

27. □红贯朽；28. 归根结□；29. 长□丰□；30. □鲈之思；

31. □羹鲈脍；32. □菜成行；33. □虫忘辛；34. 两□掩目；

35. □□门巷；36. □倒猢狲散；37. 披□采□；

38. 衔环结□；39. 香□供养；40. 胸中柴□；41. 以□扣钟；

42. 称□而爨；43. 傍□随□；44. 饭□茹□；45. 布帛□□；

46. □开二度；47. 朝□夕□；48. □□相辉；49. 羞□闭月；

50. □□之亲；51. 尘垢□糠；52. □□晚节；53. 顿开□塞；

54. 祸□灾□；55. 人镜□；56. 牛溲□□；57. □水相逢；

58. □泛□漂；59. □深□茂；60. 断□飘□；61. □□之姿；

62. 含□问疾；63. 岁寒□□；64. 敬恭□□；65. □落归□。

♥♥♥ 答案链接 ♥♥♥→▶

1. 昙花一现；　2. 一薰一莸；　3. 不知薰莸；　4. 水性杨花；

5. 出谷迁乔；　6. 人面桃花；　7. 月中折桂；　8. 成竹在胸；

9. 草木皆兵；　10. 树大招风；　11. 刨根问底；　12. 采兰赠药；

13. 野人献芹；　14. 巢林一枝；　15. 寸草春晖；　16. 故宫禾黍；

17. 瓜连蔓引；　18. 蚂蚁缘槐；　19. 梧桐断角；

20. 十米之内，必有芳草；21. 瓜飐绵绵；22. 瓜字初分；

23. 二桃杀三士；24. 尘垢秕糠；25. 哀梨蒸食；26. 含蓼问疾；

27. 粟红贯朽；28. 归根结蒂；29. 长林丰草；30. 莼鲈之思；

31. 莼羹鲈脍；32. 蓼菜成行；33. 蓼虫忘辛；34. 两叶掩目；

35. 枇杷门巷；36. 树倒猢狲散；37. 披榛采兰；

38. 衔环结草；39. 香花供养；40. 胸中柴棘；41. 以莛扣钟；

42. 称薪而爨；43. 傍花随柳；44. 饭糗茹草；45. 布帛菽粟；

46. 梅开二度；47. 朝华夕秀；48. 花萼相辉；49. 羞花闭月；

50. 葭莩之亲；51. 尘垢秕糠；52. 黄花晚节；53. 顿开茅塞；

54. 祸枣灾梨；55. 人镜芙蓉；56. 牛溲马勃；57. 萍水相逢

58. 梗泛萍漂；59. 根深叶茂；60. 断梗飘蓬；61. 蒲柳之姿；
62. 含蓼问疾；63. 岁寒松柏；64. 敬恭桑梓；65. 叶落归根。

📖📖📖11 月 9 日 ☞☞☞

313 ☺☺☺ 黄金搭档趣味匹配题 ☺☺☺.

黄金搭档，其利断金——请将下列成语与其相对应的方面或关系用直线相连接匹配，组成黄金搭档。

1. 鸠形鹄面，　　A、形容心形伪善；
2. 长颈鸟喙，　　B、形容阴险毒辣；
3. 鸱目虎吻，　　C、形容举止态度；
4. 道貌岸然，　　D、形容面容憔悴；
5. 不修边幅，　　E、形容英雄气概；
6. 轩然霞举，　　F、用于同学关系；
7. 雍容娴雅，　　G、形容相貌凶狠；
8. 横槊赋诗，　　H、形容不拘小节；
9. 年谊世好，　　I、形容俊美潇洒；
10. 绸缪束薪，　　J、用于夫妻关系；
11. 三盈三虚，　　K、用于师生关系；
12. 契若金兰，　　L、形容歌声；
13. 脍炙人口，　　M、用于形容诗文；
14. 凤吟鸾吹，　　N、形容舞蹈；
15. 龙吟虎啸，　　O、形容歌声或文字委婉流畅；
16. 翩翩起舞，　　P、用于朋友关系；
17. 珠圆玉润，　　Q、比喻歌声婉转好听；
18. 一串骊珠，　　R、形容朗诵。

♥♥♥ 答案链接 ♥♥♥➜▶

1. 鸠形鹄面，D、形容面容憔悴；2. 长颈鸟喙，B、形容阴险毒辣；3. 鸱目虎吻，G、形容相貌凶狠；4. 道貌岸然，A、形容心形伪善；5. 不修边幅，H、形容不拘小节；6. 轩然霞举，I、形容俊美潇洒；7. 雍容娴雅，C、形容举止态度；8. 横槊赋诗，E、形容英雄气概；9. 年谊世好，F、用于同学关系；10. 绸缪束薪，J、用于夫妻关系；11. 三盈三虚，K、用于师生关系；12. 契若金兰，P、用于朋友关系；13. 脍炙人口，M、用于形容诗文；14. 凤吟鸾吹，L、形容歌声；15. 龙吟虎啸，R、形容朗诵；16. 翩翩起舞，N、形容舞蹈;17. 珠圆玉润，O、形容歌声或文字委婉流畅；18. 一串骊珠，Q、比喻歌声婉转好听。

📖📖📖11 月 10 日 👃👃👃

314 ☺☺☺ 相声与成语 ☺☺☺.

请以成语为素材编写一段成语题材的相声。

♥♥♥ 答案链接 ♥♥♥➜▶

成语狂逛灯会

甲：啊呀！好久不见啦！今日久别相逢，我们是……

乙：（接上去时最好快些）➜ 一触即发、九死一生、钩心斗角、死心塌地、鱼龙混杂、两败俱伤、面面相觑……

甲：啊？！

乙：您三头六臂、四体不勤、五谷不分、六亲不认，气得我七窍冒烟；您八面玲珑，七上八下，害得我九死一生。

甲：您是十足的糊涂！您的大大的坏！您的大大的有病！

乙：唉！您怎么这样骂人呢？！

甲：我说您是怎么这样说话呢？

乙：我这是学我同学小李呢！

甲：是吗？！

乙：他还一心想当文学家呢！

甲：真的？

乙：那还有假？他的笔名我们都给想好了。

甲：叫什么？

乙：写杂文就叫"李慢"。

甲：怎么叫"李慢"？

乙：作家鲁迅先生写文章一气呵成，多么神速啊！小李同学写一个字，要开 99 次小差，所以叫"李慢"呢。

甲：好嘛！这么个"李慢"！

乙：写小说就叫"李铁"呢。

甲：又怎么叫"李铁"呢？

乙：作家巴金先生写的文章，内容深刻、异彩纷呈、百读不厌、感人至深、催人泪下。

甲：小李同学呢？

乙：写一篇文章倒有一大半废话，多余累赘，就好像废品收购站里的废铜烂铁。

甲：啊！这么个"李铁"呀！

乙：这是跟他闹着玩的，平时，我总是跟他说，您想当个文学家，就应该博览群书；多阅读名著、多学习写作、多请教老师、多观察生活、多积累素材……

甲：这话不错！

乙：可是他说，要一往无前、一往情深、一目十行、十行俱下，苦读三个月，赶上朱自清！

甲：真是胡思乱想！异想天开！

乙：可他认为这是终南捷径，走近道，是快速成名法。

甲：他把当作家看成逛马路了，您听听！

乙：可不是，他经过一番冥思苦想，找到一条当作家的捷径。

甲：是怎么样的一条捷径呢？

乙：只要肚子里有成语(拍拍肚子)，就能写出好文章，当大作家，这才是写出好文章、当大作家的终南捷径啦！

甲：原来是走成语这条捷径！使用好成语只是写好文章的一个方面，这和当作家是两码事，相差十万八千里还不止呢。(摇摆摇摆几下手。)

乙：可是他偏偏这样认为，还说："我要提前二十年当大作家，您怎么拖我的后腿呢？我非要抄这条捷径不可！"

甲：我倒要听听他是怎么抄的？

乙：他呀！从此以后就天天背成语，日日记成语，肚子里还真的装了不少成语，人家也算是"出口成章"了，您听听

甲：(很快地)他呢？

乙：出口成章！他任何地方任何时间任何场合都用上成语了！可以说成语"遍地开花"了！

甲：要是用得贴切，也没有什么不好的。

乙：可他就是胡乱用，上次还写一篇文章叫《走，逛灯会去》。他是这样写道：当他想去逛灯会之前，临行之时，他奶奶就嘱咐他说："上街要小心车辆，不要撞上汽车"。他却在文章写道："临行之前，奶奶的豪言壮语、语重心长、一语道破、痴情入迷、千言万语、如雷贯耳、晴天霹雳、对牛弹琴、震耳欲聋，我是岿然不动、按兵不动、不动声色，恰似泰山压顶，稳坐钓鱼台，奶奶要知道，您是蝎蝎螫螫老婆子的样子，您是老太太上轿——婆婆妈妈尽啰唆！您是脱裤子放屁——多此一举啊！"(故意延长)

甲：哎呀！一大堆啰嗦话，没一句像样的。

乙：可不是呢？这不是在用成语，简直是在糟踏成语，成语要是个人的话，早向他提出抗议了！

甲：真是的！那他接下去是怎么写道

乙：他走在上街的路上，这样描写道："这一天，天气不好，暗无天日、惨无人道、惨绝人寰；害得我不寒而栗、瞠目结舌、触目惊心、胆战心惊，但我却是奋不顾身、毫无畏惧、步调一致、风度优雅、从容不迫地行进在川流不息、横七竖八、万人空巷、车马骈阗的街道上，惩前毖后，街上人虽然多，人多嘴杂，亚肩叠背，观者如堵，人欢马叫，此起彼伏，步履维艰，但我却是个高个子，高大无比、超群出众，于是我就凭借着这一优势，奋不顾身，奋起直追、大显身手、上下其手、不必蹑手蹑脚、鬼鬼祟祟，我能歌善舞，我歌唱着一首动人心弦、沁人心脾的歌曲，斗志昂扬、风驰电掣、风尘仆仆、披荆斩棘、奋起直追、既往不咎地驶向盛况空前的灯谜会广场"。您说这像话不像话。

甲：简直是一派胡言，尽惹乱子！

乙：（迅速接上）这还小些呢！您听听，他是这样描写他的老师的："我在街上碰见了我的老师，啊！我的老师，您多愁善感、慢条斯理、温文尔雅"。(故意说得委婉些)(忽然地加重语调)"您虎背熊腰、力大如牛、百感交集、顶天立地"。

甲：嘿，是一位男老师！

乙："您血气方刚、仪态端庄、初出茅庐、出人头地"。

甲：那是年轻的……

乙："但是——（拖长）您温良贤淑、朝气蓬勃、志在千里、善解人意；您英姿飒爽、婀娜多姿、德高望重、温文尔雅、美不胜收；您老骥伏枥、老奸巨猾、眉飞色舞、美观大方、英姿照人；您古色古香、师严道尊、废寝忘食、焕然一新、日暮穷途；您忠心耿耿、明眸皓齿、吞吞吐吐、语重心长、运筹帷幄、决胜千里……"

甲：小李同学东拉西扯，胡说些什么！成语被他糟踏得"体无完肤"，要去控告小李同学对她的"伤害"啦！小李同学非惹出大乱子不可！

乙：嘿！（音重一些）这惹得乱子还少呢？好戏还在后头呢！您猜猜，小李同学是怎么样描写灯会的场面呢？他说："经过我坚贞不屈、万水千山、呕心沥血、千里迢迢的跋涉，我来到了人声鼎沸、鼎鼎大名、居高临下、举世闻名的灯会广场，这里有众多经过千锤百炼精心细针密缕的彩灯云集一堂，彩灯多多益善，把这里装扮得富丽堂皇、花枝招展、华而不实、奇形怪状、千变万化、五花八门，到处人山人海，车水马龙，猜不出来灯谜的人抓耳挠腮、潜心钻研、跃跃欲试，猜出来灯谜的人欢欣鼓舞、欣喜若狂、喜怒无常；我喜从天降、喜跃抃舞、淋漓尽致地迈步在熙熙攘攘、细水长流、深恶痛绝、肆无忌惮的人群里，胸如潮涌，顿然觉得累了，渴了，就去买闻名遐迩的雪糕，买雪糕的人群如雨后春笋、车水马龙、万人空巷、源源不断；我个子高，后来居上，上蹿下跳，一下子就买到了雪糕，个子矮的只能望洋兴叹、望尘莫及、退避三舍、无可奈何；小黄同学还求我帮买雪糕，我盛情难却，欣然笑纳，乐于助人。买了雪糕后，我继续漫不经心、迫不及待、千方百计、千辛万苦、私心杂念地欣赏着这些形态各异、千疮百孔、饱经风霜、琳琅满目的彩灯，我耳闻目睹到这些"画龙点睛"般的彩灯佳作，不禁肃然起敬，这些彩灯不正是我们中华民族艺术的巧夺天工、冠冕堂皇、循序渐进、锐意进取的结果吗！……"。

甲：您听听，好好的成语叫小李同学糟踏成这个样子，叫我如何说他才好呢？

乙：可不是呢？这样乱七八糟的文章，还能当大作家，就是"李慢"、"李铁"也当不成，读者早被他的成语吓跑了。

甲：依我之见，他能当个"大话家"！

乙：什么，他还能当个大画家？！

甲：对，大——话——家！——➤ 专门吹毛求疵、胡言乱语、哗众取宠、异想天开的大话家哦~~~！

乙：啊！原来如此，是这么一个令人哭笑不得的"大画家"哦~~！

📖📖📖11 月 11 日 ☞☞☞

315 ☺☺☺填成语巧接歇后语（二）☺☺☺

下面的歇后语，都只有前半句，请您把下面歇后语的后半部分用成语连接完整。

1. 半夜吃黄瓜—— ；2. 此地无银三百两—— ；
3. 热锅上的蚂蚁—— ；4. 盲人骑瞎马—— ；
5. 小和尚念经—— ；6. 电线杆当筷子—— ；
7. 肉包子打狗—— ；8. 白骨精遇到孙悟空—— ；
9. 三月里扇扇子—— ；10. 天文台上的望远镜—— ；
11. 理发师带徒弟—— ；12. 一起看电影—— ；
13. 五句话分两次讲—— ；14. 举重比赛—— ；
15. 月亮底下跳舞—— ；16. 铁树开花—— ；
17. 八十老翁吹喇叭—— ；18. 八股文的格式—— ；
19. 一个巴掌拍不响—— ；20. 白骨精说人话—— ；
21. 白开水画画儿—— ；22. 拆东墙补西墙—— ；
23. 按着公鸡来生蛋—— ；24. 长衫改作短衫—— ；
25. 鼻子上推小车—— ；26. 冰天雪地发牢骚—— ；
27. 盲人摸象—— ；28. 板砖敲鸡蛋—— ；
29. 空棺材出丧—— ；30. 船头上跑马—— 。

♥♥♥ 答案链接 ♥♥♥➔▶

1. 半夜吃黄瓜——不知头尾；2. 此地无银三百两——不打自招；
3. 热锅上的蚂蚁——坐卧不安；4. 盲人骑瞎马——凶多吉少；
5. 小和尚念经——有口无心；6. 电线杆当筷子——大材小用；
7. 肉包子打狗——有去无回；8. 白骨精遇到孙悟空——原形毕露；
9. 三月里扇扇子——满面春风；
10. 天文台上的望远镜——好高骛远；

11. 理发师带徒弟——从头做起；12. 一起看电影——有目共睹；

13. 五句话分两次讲——三言两语；14. 举重比赛——斤斤计较；

15. 月亮底下跳舞——形影不离；16. 铁树开花——千载难逢；

17. 八十老翁吹喇叭——有气无力；

18. 八股文的格式——千篇一律；

19. 一个巴掌拍不响——孤掌难鸣；

20. 白骨精说人话——妖言惑众；21. 白开水画画儿——轻描淡写；

22. 拆东墙补西墙——顾此失彼；

23. 按着公鸡来生蛋——强人所难；

24. 长衫改作短衫——取长补短；25. 鼻子上推小车——走投无路；

26. 冰天雪地发牢骚——冷言冷语；27. 盲人摸象——各执一词；

28. 板砖敲鸡蛋——粉身碎骨；29. 空棺材出丧——目（木）中无人；

30. 船头上跑马——走投无路。

📖📖📖📖11 月 12 日 🖋🖋🖋

316 ☺☺☺ 成语非常"3＋1" ☺☺☺.

请排除干扰，在下列 4 个备选答案中选出一个正确答案。

（一）下列历史事件或典故与成语"朝秦暮楚"相关的：（　）

1. 长平之战；2. 楚庄王称霸；3. 合纵连横；4. 秦穆王称霸。

（二）成语"一鸣惊人"出自于哪一历史故事？（　）

1. 秦穆王称霸；2. 齐桓公称霸；3. 晋文公称霸；4. 楚庄王称霸

（三）发生于三国时期的历史成语故事如"三顾茅庐"、"初出茅庐"、"鞠躬尽瘁"、"七擒七纵"等成语故事，都与下列哪位历史人物有关。（　）

1. 曹操；2. 孙权；3. 刘备；4. 诸葛亮

（四）下列词语中有错别字的一项是：（　）

1．小心翼翼，忍俊不禁，风声鹤唳，塞翁失马；2．惊慌失措，历历在目，苦心孤诣，骇人听闻；3．诲人不倦，明查秋毫，德高望重，斗转星移；4．回味无穷，异国他乡，问心无愧，随声附和。

（五）下列词语中没有错别字的一项是：（　　）

1．多姿多彩，乌云避日，得失之患，无忧无虑；2．相帽不凡，心旷神怡，突如其来，险象环生；3．获益匪浅，满月缺损，慧心未泯，绝处逢生；4．异国他乡，恋恋不舍，脍制人口，题纲挈领。

（六）"过五关，斩六将"成语说的是谁？（　　）

1．张飞；2．关羽；3．黄忠；4．赵云。

（七）"宝刀不老"成语说的是谁？（　　）

1．黄盖；2．关羽；3．黄忠；4．赵云。

（八）成语"屡试不爽"的"爽"的意思是：（　　）

1．凉爽；2．爽快；3．差错；4．直爽。

（九）成语"口若悬河"的"悬河"是什么意思？（　　）

1．河水；2．瀑布；3．银河；4．高悬的河；5．口水。

（十）成语"趋之若鹜"的"鹜"是指什么动物？（　　）

1．大雁；2．鹅；3．鸭子；4．鸡。

♥♥♥ 答案链接 ♥♥♥→▶

（一）3；（二）4；（三）4；（四）3；（五）3；

（六）2；（七）3；（八）3；（九）2；（十）3。

📖📖📖📖11 月 13 日 ✎✎✎

 😊😊😊 经常被误读的成语 😊😊😊.

请根据《普通话异读词审音表》的要求，参照《现代汉语词典》的读音，给下列经常被误读的成语有关字正音。

1．馋涎欲滴；2．唯唯诺诺；3．禅机妙语；4．大腹便便；5．

博闻强识；6. 叶公好龙；7. 不胜枚举；8. 疾风劲草；9. 畸轻畸重；11. 惟妙惟肖；12. 处心积虑。

♥♥♥ 答案链接 ♥♥♥➔►

1. "馋涎欲滴"的"涎"不读"yan（ˊ阳平声调，括号里符号系声调符号，下同）"，而读"xian（ˊ阳平声调）"；2. "唯唯诺诺"的"唯"统读"wei（ˊ阳平调）"，不再读"wei（ˇ上声调）"；3. "禅机妙语"的"禅"读"chan（ˊ阴平声调）"，只有"禅让"的"禅"读"shan（ˋ去声调）"；4. "大腹便便"的"便"不读"bian（ˋ去声调）"，而应读"pian（ˊ阳平声调）"；5. "博闻强识"的"识"不读"shi（ˊ阳平声调）"，而读"zhi（ˋ去声调）"；6. "叶公好龙"的"叶"旧读"she（ˋ去声调）"，现读"ye（ˋ去声调）"；7. "不胜枚举"的"胜"旧读"sheng（ˊ阴平声调）"，而现读"sheng（ˋ去声调）"，"胜"不再是多音字，只有"sheng（ˋ去声调）"一个读音；8. "疾风劲草"的"劲"不读"jin（ˋ去声调）"，而读"jing（ˋ去声调）"，指坚强有力；9. "畸轻畸重"的"畸"不读"qi（ˊ阳平声调）"，而读"ji（ˊ阴平声调）"；10. "称心如意"的"称"不读"cheng（ˊ阴平声调）"，而读"chen（ˋ去声调）"；11. "惟妙惟肖"的"肖"不读"xiao（ˊ阴平声调）"，而读"xiao（ˋ去声调）"；12. "处心积虑"的"处"不读"chu（ˋ去声调）"，而读"chu（ˇ上声调）"。

📖📖📖11 月 14 日 ☞☞☞

📖318 ☺☺☺人体器官部位成语健身会馆（五）☺☺☺

请用人体器官部位的名称填入下列成语的方格中，把下列成语串联成人体器官部位成语。

1. 独占鳌□； 2. 独具只□； 3. 油□滑□； 4. 隔墙有□；

5. 脍炙人□；　6. 骨鲠在□；　7. 粉身碎□；　8. 独具匠□；

9. 虎□熊□；　10. 狼□狗□；　11. 汗流浃□；　12. 古道热□；

13. 明□张胆；　14. 爱不释□；　16. 撑□挂□；　17. 死□赖□；

18. 七□八□；　19. 明□□亮；　20. 侧□而视；　21. 过□不忘；

22. 铁石□□；　23. □疾□快；　24. □□通天；　25. □狠□辣；

26. □舞□蹈；　27. 守□如瓶；　28. 切□痛恨；　29. 切□腐□；

30. 巧□如簧；　31. 亲如□□；　32. 沁人□□；　33. 沁人□腑；

34. □目不清；　35. □清□秀；　36. 掩□盗铃；　37. 虫□鼠□；

38. 牵□挂□；　39. 掐□去尾；　40. 荡气回□；　41. 戴□识□；

42. 戴□含□；　43. 没□不忘；　44. 慈□善□；　45. 交□接□；

46. 蓬□历持；　47. □满□肥；　48. 刮□洗□；　49. 裹□不前；

50. □开肉绽；　51. 劈□盖脸；　52. 披□沥□；　53. 明目张□；

54. 明眸皓□；　55. 摩□接踵；　56. 愁□苦脸；　57. □寒□竖；

58. □信弃义；　59. 交□失之；　60. 呆□呆□。

♥♥♥ 答案链接 ♥♥♥➤▶

1. 独占鳌头；　2. 独具只眼；　3. 油嘴滑舌；　4. 隔墙有耳；

5. 脍炙人口；　6. 骨鲠在喉；　7. 粉身碎骨；　8. 独具匠心；

9. 虎背熊腰；　10. 狼心狗肺；　11. 汗流浃背；　12. 古道热肠；

13. 明目张胆；　14. 安不释手；　16. 撑肠挂肚；　17. 死皮赖脸；

18. 七手八脚；　19. 明目眼亮；　20. 侧目而视；　21. 过目不忘；

22. 铁石心肠；　23. 手疾眼快；　24. 手眼通天；　25. 心狠手辣；

26. 手舞足蹈；　27. 守口如瓶；　28. 切齿痛恨；　29. 切齿腐心；

30. 巧舌如簧；　31. 亲如手足；　32. 沁人心脾；　33. 沁人肺腑；

34. 眉目不清；　35. 眉清目秀；　36. 掩耳盗铃；　37. 虫臂鼠肝；

38. 牵肠挂肚；　39. 掐头去尾；　40. 荡气回肠；　41. 戴头识脸；

42. 戴发含齿；　43. 没齿不忘；　44. 慈眉善目；　45. 交头接耳；

46. 蓬头历持；　47. 脑满肠肥，　48. 刮肠洗胃；　49. 裹足不前；

50. 皮开肉绽；　51. 劈头盖脸；　52. 披肝沥胆；　53. 明目张胆；

54. 明眸皓齿；55. 摩肩接踵；56. 愁眉苦脸；57. 骨寒毛竖；
58. 背信弃义；59. 交臂失之；60. 呆头呆脑。

📖📖📖11 月 15 日 ☞☞☞

319 ☺☺☺ 成语与史地政生体音美学科谜 ☺☺☺.

请根据下列成语，按要求分别猜射历史、地理、政治、生物、体育、音乐、美术学科谜语。

1. 言无不尽（猜历史名词一）；2. 画龙点睛（猜历史名词一）；

3. 夸夸其谈（猜地名词一）；4. 双喜临门（猜地名词一）；

5. 倾盆大雨（猜地名词一）；6. 初见成效（猜非洲国名一）；

7. 交头接耳（猜地名词一）；8. 一路平安（猜地名词一）；

9. 开卷有益（猜南美洲国名一）；10. 口若悬河（猜地名词一）；

11. 言无不尽（猜政治法律名词一）；

12. 东施效颦（猜生物名词一）；13. 同床异梦（猜生物名词一）；

14. 喜怒无常（猜生物名词一）；

15. 无所不知（猜生物鸟名词一）；

16. 死去活来（猜生物名词一）；17. 不劳而获（猜生物名词一）；

18. 一步登天（猜体育名词一）；19. 举手之劳（猜体育名词一）；

20. 待字闺中（猜体育名词一）；21. 斗转星移（猜体育名词一）；

22. 尔虞我诈（猜体育名词一）；23. 迎刃而解（猜体育名词二）；

24. 负荆请罪（猜体育名词三）；25. 一跃千里（猜体育名词一）；

26. 喜上眉梢（猜音乐名词一）；27. 花言巧语（猜音乐名词一）；

28. 一波三折（猜音乐名词一）；29. 异口同声（猜音乐名词一）；

30. 回眸一笑（猜美术名词一）；31. 北国风光（猜美术名词一）。

♥♥♥ 答案链接 ♥♥♥➔▶

1. 道光；2. 图腾；3. 海口；4. 重庆；5. 天水；6. 刚果；7.

六合；8. 旅顺；9. 智利；10. 长白；11. 通告；12. 拟态；13. 共栖；
14. 变态；15. 百灵；16. 再生；17. 寄生；18. 抬腿过高；19.
上肢运动；20. 等着过门；21. 球类运动；22. 双人滑；23. 中锋，
得分；24. 将，过门，求和；25. 单杠，跳马；26. 和声；27. 装
饰音；28. 流行曲；29. 大合唱；30. 写真，传情；31. 冷色。

📖📖📖📖11 月 16 日 🖝🖝🖝

📖320 ☺☺☺ "山石大地"成语 ☺☺☺.

请列举有关描写"山石大地"的 4 字成语 35 条。

♥♥♥ 答案链接 ♥♥♥→▶

千山万水， 锦绣河山， 千岩万壑， 山南海北， 山高水险， 山清水秀，
不毛之地， 苍茫大地， 别有天地， 残山剩水， 冰天雪地， 疮痍满目，
弹丸之地， 别有洞天， 春山如黛， 高山峻岭， 巍然屹立， 一望无际，
青山翠竹， 天涯海角， 一览无余， 耸入云霄， 一马平川， 深沟高垒，
千山叠嶂， 青山绿水， 漫山遍野， 奇形怪状， 山摇地动， 锦绣河山，
山明水秀， 山南海北， 万水千山， 山高水长， 怪石嶙峋。

📖📖📖📖11 月 17 日 🖝🖝🖝

📖321 ☺☺☺ 成语错别字美容矫治中心（四）☺☺☺.

下列的成语中各有一个错别字，请您改正这些成语中的错别字。
1. 不寒而粟（　）；　2. 黄粱美梦（　）；　3. 委屈求全（　）；
4. 飞扬拔扈（　）；　5. 胆膻心惊（　）；　6. 一唱一合（　）；
7. 莫不关心（　）；　8. 陈词滥调（　）；　9. 汗流夹背（　）；
10. 贪脏枉法（　）；11. 名俯其实（　）；12. 丰功伟迹（　）；

13．皮开肉腔（ ）；14．如火如荼（ ）；15．按步就班（ ）；
16．风尘朴朴（ ）；17．风驰电挚（ ）；18．当务之机（ ）；
19．虎视耽耽（ ）；20．持之一恒（ ）；21．病入膏盲（ ）；
22．成群接队（ ）；23．深恶痛决（ ）；24．敷衍赛责（ ）；
25．恶语重伤（ ）；26．孤注一郑（ ）；27．丢三落四（ ）；
28．称目结舌（ ）；29．大除着墨（ ）；30．拙拙怪事（ ）；
31．固泽而渔（ ）；32．居心巨测（ ）；33．借花献拂（ ）；
34．前居（ ）后宫（ ）；35．前扑后继（ ）。

♥♥♥ 答案链接 ♥♥♥➔▶（注：括号内的字是纠正后的字）。

1．不寒而粟（栗）；　2．黄粱美梦（粱）；　3．委屈求全（曲）；
4．飞扬拔扈（跋）；　5．胆颤心惊（战）；　6．一唱一合（和）；
7．莫不关心（漠）；　8．陈词烂调（滥）；　9．汗流夹背（浃）；
10．贪脏枉法（赃）；11．名俯其实（副）；12．丰功伟迹（绩）；
13．皮开肉腔（绽）；14．如火如荼（荼）；15．按步就班（部）；
16．风尘朴朴（仆仆）；17．风驰电挚（掣）；18．当务之机（急）；
19．虎视耽耽（眈眈）；20．持之一恒（以）；21．病入膏盲（肓）；
22．成群接队（结）；23．深恶痛决（绝）；24．敷衍赛责（塞）；
25．恶语重伤（中）；26．孤注一郑（掷）；27．丢三落四（拉）；
28．称目结舌（瞪）；29．大除着墨（处）；30．拙拙怪事（咄咄）；
31．固泽而渔（涸）；32．居心巨测（叵）；33．借花献拂（佛）；
34．前居（倨）后宫（恭）；35．前扑后继（仆）。

📖📖📖11 月 18 日 ☞☞☞

322 ☺☺☺ 辨析成语释义 ☺☺☺.

请辨析下列每组成语中加点的字，并解析它们的语素意义。

1. 报仇雪恨（　　），雪中送炭（　　）；
2. 不速之客（　　），速战速决（　　）；
3. 一穷二白（　　），穷途末路（　　）；
4. 见义勇为（　　），图穷匕见（　　）；
5. 一毛不拔（　　），不毛之地（　　）；
6. 矢口否认（　　），众矢之的（　　）；
7. 风流云散（　　），人云亦云（　　）；
8. 胡说八道（　　），背道而驰（　　）；
9. 除恶务尽（　　），不务正业（　　）；
10. 比比皆是（　　），实事求是（　　）；
11. 避易就难（　　），一挥而就（　　）；
12. 忘恩负义（　　），如释重负（　　）；
13. 捷足先登（　　），足智多谋（　　）；
14. 人心向背（　　），汗流浃背（　　）；
15. 不白之冤（　　），黑白分明（　　）；
16. 垂死挣扎（　　），垂头丧气（　　）；
17. 是是非非（　　），是古非今（　　）；
18. 成千上万（　　），大功告成（　　）；
19. 曲径通幽（　　），是非曲直（　　）；
20. 是非曲直（　　），似是而非（　　）；
21. 贪贿无艺（　　），艺高人胆大（　　）。

♥♥♥ 答案链接 ♥♥♥→▶

1. 洗掉，雪地；2. 邀请，快；3. 贫困，尽；4. 看到，显露；5. 汗毛，草；6. 发誓，箭；7. 云彩，说；8. 说，道路；9. 必须，从事；10. 这样，规律性；11. 凑近，完成；12. 违背，负担；13. 脚步，很多；14. 反对，脊背；15. 明了，白色；16. 临近，低下；17. 肯定，正确，否定，错误；认为对，认为不对；18. 够，达到一定数量；做成了，办好了；19. 弯曲，无理；20. 正确，错误；就是（确认）；21. 准则，引申为限度；才能，有本事。

📖📖📖 11 月 19 日 ☞☞☞

323 ☺☺☺ 趣填成语组地名成语（四）☺☺☺

下面每一组成语中都含有一个地名，或是某国家地名，或是某国家某省份地名，或是某国家某大城市的地名，或是某国家某中小城市的地名，请您在下面每一组成语空格内填上适当的字，使每组成语每一横行都成为一条含有某地名的成语。

1. 国泰民□□色天香；　2. 精卫填□□角春风；
3. 反复无□□视无睹；　4. 调虎离□□山再起；
5. 平步青□□辕北辙；　6. 步步为□□诵心惟；
7. 良金美□□大招风；　8. 两全其□□色天香；
9. 好生之□□士无双；　10. 天作之□□头大耳；
11. 名卿巨□□如泰山；　12. 以身试□□计民生；
13. 四海承□□下之盟；　14. 光明正□□类龙鸾；
15. 好语似□□晏河清；　16. 酣畅淋□□汉朝宗；
17. 手眼通□□津乐道；　18. 补天浴□□来面目；
19. 大功告□□俞吁咈；　20. 朝三暮□□流不息；
21. 绿林好□□春白雪；　22. 枵腹从□□富尊荣；
23. 器小易□□山之助；　24. 同心同□□泰民安；
25. 得胜回□□关大道；　26. 民安国□□色天香；
27. 待字闺□□强民安；　28. 因时制□□风得意；
29. 同舟共□□征北战；　30. 积羽沉□□南海北；
31. 后来居□□阔天空；　32. 马空冀□□华春梦；
33. 响遏行□□征北战；　34. 洪福齐□□津乐道；
35. 助人为□□风两袖；　36. 虚船触□□峙渊渟。

♥♥♥ 答案链接 ♥♥♥→▶

1. 国泰民 安国 色天香；　2. 精卫填 海口 角春风；

3. 反复无 常熟 视无睹；　4. 调虎离 山东 山再起；

5. 平步青 云南 辕北辙；　6. 步步为 营口 诵心惟；

7. 良金美 玉树 大招风；　8. 两全其 美国 色天香；

9. 好生之 德国 士无双；　10. 天作之 合肥 头大耳；

11. 名卿巨 公安 如泰山；　12. 以身试 法国 计民生；

13. 四海承 风城 下之盟；　14. 光明正 大连 类龙鸾；

15. 好语似 珠海 晏河清；　16. 酣畅淋 漓江 汉朝宗；

17. 手眼通 天津 津乐道；　18. 补天浴 日本 来面目；

19. 大功告 成都 俞吁咈；　20. 朝三暮 四川 流不息；

21. 绿林好 汉阳 春白雪；　22. 枵腹从 公安 富尊荣；

23. 器小易 盈江 山之助；　24. 同心同 德国 泰民安；

25. 得胜回 朝阳 关大道；　26. 民安国 泰国 色天香；

27. 待字闺 中国 强民安；　28. 因时制 宜春 风得意；

29. 同舟共 济南 征北战；　30. 积羽沉 舟山 南海北；

31. 后来居 上海 阔天空；　32. 马空冀 北京 华春梦；

33. 响遏行 云南 征北战；　34. 鸿福齐 天津 津乐道；

35. 助人为 乐清 风两袖；　36. 虚船触 舟山 峙渊淳。

📖📖📖📖11 月 20 日 ✒✒✒

⌗324⌗ ☺☺☺家电品牌称谓成语填空谜 ☺☺☺.

请在下面空格内填上适当的字,使之组成含有某种家电品牌(或某企业)名称的4字成语。

1. 内引外□□入非非；　2. 五湖四□□虞我诈；

3. 举一反□□罗棋布；　4. 不约而□□兴未艾；

5. 张冠李□□虞我诈；　6. 小恩小□□天同庆；

7. 振兴中□□果累累；　8. 不拘一□□大无比；

9. 宜室宜□□近来远；　10. 钱能通□□中敌国；

11. 智圆行□□大光明； 12. 尽忠报□□轮美奂；

13. 举一反□□洋大观； 14. □海扬尘□兰玉树；

15. 聚精会□木已成□； 16. 宽□大量恒□伟业；

17. 取□补短白□贯日； 18. 美味□肴能上□下；

19. 言之有□左思右□； 20. 智尽能□削发为□。

♥♥♥ 答案链接 ♥♥♥➜▶

1. 内引外联想入非非； 2. 五湖四海尔虞我诈；

3. 举一反三星罗棋布； 4. 不约而同方兴未艾；

5. 张冠李戴尔虞我诈； 6. 小恩小惠普天同庆；

7. 振兴中华硕果累累； 8. 不拘一格力大无比；

9. 宜室宜家悦近来远； 10. 钱能通神舟中敌国；

11. 智圆行方正大光明； 12. 尽忠报国美轮美奂；

13. 举一反三洋洋大观； 14. 东海扬尘芝兰玉树；

15. 聚精会神木已成舟； 16. 宽宏大量恒基伟业；

17. 取长补短白虹贯日； 18. 美味佳肴能上能下；

19. 言之有理左思右想； 20. 智尽能索削发为尼。

📖📖📖11 月 21 日 ✎✎✎

☺☺☺ 填数字成语 ☺☺☺.

请仔细观察，在下图中各个数字上下左右的空方格中填入适当的字，使其组成 13 条 4 字成语。请在 3 分钟内完成答题，好吗？
⬇

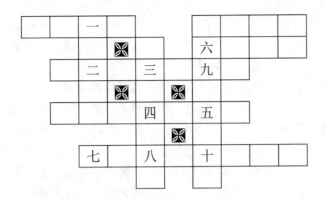

♥♥♥ 答案链接 ♥♥➜▶↓

千	金	一	笑			三	人	成	虎
		石	✻	朝		六	神	无	主
接	二	连	三	教	九	流			
		鸟	✻	暮	✻	等			
挨	三	顶	四	分	五	裂			
		通	✻	风					
七	上	八	下	十	步	芳	草		
		达		雨					

📖📖📖11 月 22 日 🖎🖎🖎

 ☺☺☺ 成语组合字谜 ☺☺☺.

　　汉字绝大部分都是合体字，合字谜就是依据汉字结构能够离合的这种特点而制作出来的一种特殊谜语。它根据谜题的意思，把其中某些字拆分组合或增加偏旁，使它变成另外一个字，而且正好切合谜题。请根据下列成语谜题，运用离合字谜组合法，分别猜射一字谜。

1. 半推半就； 2. 激浊扬清； 3. 有山有水； 4. 偏听偏信；

5. 上下一体； 6. 千里相逢； 7. 大小齐全； 8. 有口难言；

9. 上上下下； 10. 头重脚轻； 11. 万事如意； 12. 夜以继日；

13. 可上可下； 14. 半晴半雨； 15. 喜上眉梢； 16. 千金一笑；

17. 千古一绝； 18. 改名换姓； 19. 残花败柳； 20. 半途而废；

21. 雅俗共赏； 22. 绿肥红瘦； 23. 交头接耳； 24. 一无是处；

25. 死心塌地； 26. 黯然失色； 27. 盛极一时； 28. 一官半职；

29. 一时半刻； 30. 良药苦口； 31. 一落千丈； 32. 宽大为怀；

33. 推心置腹； 34. 安步当车； 35. 寄人篱下； 36. 清浊分明；

37. 励精图治； 38. 引人入胜； 39. 手挥目送； 40. 有吃有穿；

41. 水深火热； 42. 半新半旧； 43. 半耕半读； 44. 半加半减；

45. 半阴半晴。

♥♥♥ 答案链接 ♥♥♥→▶

1. 扰（或掠）； 2. 靖； 3. 汕； 4. 喃； 5. 卡； 6. 重； 7. 尖； 8. 哑；

9. 卜； 10. 炭； 11. 恰； 12. 明； 13. 哥； 14. 清； 15. 声； 16. 嬉；

17. 估； 18. 如； 19. 茆； 20. 余； 21. 伢； 22. 哗； 23. 郊； 24. 韭；

25. 忘； 26. 音； 27. 孟； 28. 耳； 29. 孩； 30. 痢； 31. 仗； 32. 脏；

33. 什； 34. 起； 35. 禽； 36. 靖； 37. 清； 38. 肚； 39. 看； 40. 裕；

41. 淡； 42. 昕； 43. 讲； 44. 喊； 45. 明。

📖📖📖11月23日 ☞☞☞

327 ☺☺☺ 填成语找人名测眼力 ☺☺☺.

请在下列 40 条成语的空方格内填入适当的字，在这些被填进的字里看看您能组合找出几个人名，看看他们都是谁？并有选择地简要地介绍一下这些人物情况。

1. □而好学； 2. 人命□天； 3. 木□流□； 4. 原□本本；

5. □□俱焚；　6. 瓜田□下；　7. 防微□渐；　8. 吉光片□；

9. 内引外□；　10. □开茅塞；　11. □如反掌；　12. 一□二□；

13. □文尔雅；　14. 公子□□；　15. □□思危；　16. 光怪□离；

17. □戏三昧；　18. □豕听经；　18. □冠□戴；　20. 飞□腾达；

21. 分□抗礼；　22. □壁□野；　23. 不□量力；　24. 恶紫夺□；

25. □□万里；　26. □面八□；　27. □同道合；　28. □家妇女；

29. 才过□□；　30. 亭亭□立；　31. 回□返□；　32. 弃□从□；

33. □门见山；　34. 完璧归□；　35. □世之才；　36. □程万里；

37. 人老珠□；　38. 心猿意□；　39. □心耿耿；　40. 孝子贤□；

41. □宜之计。

♥♥♥ 答案链接 ♥♥♥➜►

1. 敏而好学；　2. 人命关天；　3. 木牛流马；　4. 原原本本；

5. 玉石俱焚；　6. 瓜田李下；　7. 防微杜渐；　8. 吉光片羽；

9. 内引外援；　10. 顿开茅塞；　11. 易如反掌；　12. 一清二白；

13. 温文尔雅；　14. 公子王孙；　15. 居安思危；　16. 光怪陆离；

17. 游戏三昧；　18. 牧豕听经；　19. 张冠李戴；　20. 飞黄腾达；

21. 分庭抗礼；　22. 坚壁清野；　23. 不自量力；　24. 恶紫夺朱；

25. 鹏程万里；　26. 四面八方；　27. 志同道合；　28. 良家妇女；

29. 才过屈宋；　30. 亭亭玉立；　31. 回光返照；　32. 弃文从武；

33. 开门见山；　34. 完璧归赵；　35. 超世之才；　36. 云程万里；

37. 人老珠黄；　38. 心猿意马；　39. 忠心耿耿；　40. 孝子贤孙；

41. 权宜之计。

人名：方志敏，马援，关羽，王安石，牛顿，李白，白居易，李清照，宋玉，陆游，朱自清，屈原，张良，杜鹏程，孙武，孙文，张飞，朱温，石达开，赵云，马超，黄忠，孙权。屈原、宋玉是战国时期楚国文学家，屈原是宋玉的老师。王安石是宋朝的文学家，是"唐宋古文八大家"之一。其他人物简介：(略)。

📖📖📖📖11月24日 ☞☞☞

328 ☺☺☺成语褒贬感情色彩 ☺☺☺.

词语从感情色彩可分为褒义词、贬义词、中性词三种。褒义词具有肯定或赞许的色彩，贬义词具有否定或贬斥的色彩，中性词是没有明显感情色彩的词，正确地运用带有褒贬色彩的成语，能鲜明地表现发言者的立场、感情、态度。请指出下列成语的感情色彩。

1. 投机取巧； 2. 独一无二； 3. 自以为是； 4. 锐不可当；
5. 挑拨离间； 6. 扑风捉影； 7. 不求甚解； 8. 忠心耿耿；
9. 兢兢业业；10. 粗制滥造；11. 一丘之貉；12. 体贴入微；
13. 脑满肠肥，14. 铁面无私；15. 狼狈为奸；16. 胸有成竹；
17. 避重就轻；18. 别开生面；19. 狐假虎威；20. 见义勇为。

♥♥♥ 答案链接 ♥♥♥➜▶

2. 4. 8. 9. 12. 14. 16. 18. 20是褒义词，其余是贬义词。

📖📖📖📖11月25日 ☞☞☞

329 ☺☺☺成语"以人为本"万向联想谜 ☺☺☺

万向联想谜又叫做多目谜、一面异目多底谜、辐射谜，是指同一谜面，有几个不同的谜目，猜射出几个不同谜底的谜语。下面都是以成语"以人为本"为谜面而设的各种谜语，请展开万向思维辐射联想，按照各个谜目的不同要求，分别猜射出一条谜底。

1. 以人为本，猜《前出师表》一句成语；
2. 以人为本，猜物流用语一； 3. 以人为本，猜刊物一；
5. 以人为本，猜一个电视栏目；
4. 以人为本，猜体育名词（足球用语）一；

6. 以人为本，猜新词语一；　　7. 以人为本，猜教育用语一；

8. 以人为本，猜排球用语一；　　9. 以人为本，猜篮球用语一；

10. 以人为本，猜化学名词一；　　11. 以人为本，猜照相用语一；

12. 以人为本，猜物理名词一；　　13. 以人为本，猜建筑用语一；

14. 以人为本，猜商业用语一；　15. 以人为本，猜汉字一；

16. 以人为本，猜日本电视动画剧中的一个人物。

♥♥♥ 答案链接 ♥♥♥➔▶

1. 俱为一体；2. 整体运输总体装配；3. 体育报；4. 整体配合；5. 体育世界；6. 联合体；7. 体育；8. 近体快；9. 整体联防；10. 结晶体；11. 立体摄影；12. 自由落体；13. 砌体；14. 经济实体；15. 体；16. 一休。

📖📖📖11 月 26 日 ☜☜☜

☺☺☺8 词回宫龙成语连连转 ☺☺☺.

请在下面图中空方格内填入适当的字组成 8 条首尾相连接的回宫龙成语词语。↙

一		有		回
高				笑
年		益		开

⬇ ♥♥♥♥ 答案链接 ♥♥♥➜ ▶ ↘⬇

一	无	所	有	去	无	回
不						眸
矮						一
高						笑
已						口
事						常
年	延	寿	益	有	卷	开

📖📖📖📖 **11 月 27 日** ☞☞☞

331 ☺☺☺ **法官判案快而准（一）** ☺☺☺.

成语快速判断题：成语法庭现在开庭哦 ➜ 请您快速判断下列有关成语说法的对错，正确的请在每一题干后面的括号里打"☑"，错误的请在每一题干后面的括号里打"☒"，并分别作一解析，说明理由。

1.成语"三教九流"从唐朝开始，就属于贬义词。（ ）

2.成语"三十六策，走为上计"的意思是说"走为上计"是"三十六策"中最好的一计。（ ）

3.成语"一衣带水"是说两地之间虽有江河湖海阻隔，但友好往来的亲密关系使再宽的江河湖海也不过像一条衣带而已，成语"一衣带水"的"水"是长江。（ ）

4.成语"魂断蓝桥"形容夫妻关系破碎，所以，"鹊桥"有时也可以称为"蓝桥"。（ ）

5.成语"弄璋之喜"表示生了男孩子，祝贺生了儿子。（ ）

6.成语"秦晋之好"泛称两家联姻结为亲家，"秦晋"原来表示是秦国和晋国。（ ）

7. 成语"张袂成荫"的"袂"是指的是"腰带"的意思。
（　　）

8. "泾渭分明"这句成语是指渭水清，泾水浊。（　　）

9. "如鱼得水"这句成语中，刘备是把自己比作"鱼"，把诸葛亮比作"水"。（　　）

10. "横眉冷对千夫指，俯首甘为孺子牛"是鲁迅先生的名言，其中"孺子牛"一词源自于《左传》，当时的意思是过分溺爱孩子的意思。（　　）

11. 成语"丁是丁，卯是卯"和"丁一卯二"中的"丁"和"卯"是指时辰。（　　）

12. 成语"鹦鹉学舌"是源自于古诗文。（　　）

13. 成语"坐井观天"来源于北宋时期徽宗赵佶、钦宗赵桓二帝被囚的故事，此处的"井"应是枯井之类的地方。（　　）

14. "东山再起"原意是指隐居后又重新做官任要职，现在比喻失势后又重新得势，这里的"东山"是指一座山名。（　　）

15. 成语"别开生面"最初是用来赞扬别人的服饰穿戴的。
（　　）

16. "阡陌纵横"的"阡"是田间东西方向的小道路。（　　）

17. 祝寿成语"寿比南山"的"南山"是和"愚公移山"的"南山"是指的是同一座山。（　　）

18. 成语"夜郎自大"的"夜郎"是指夜哭郎。（　　）

19. 提出"舍生取义"的先秦思想家是孔子。（　　）

20. 成语"不三不四"的"三"和"四"是指假丑恶事物。
（　　）

♥♥♥ 答案链接 ♥♥♥➔▶

1. ☑。解析。成语"三教九流"从汉朝就开始形成了，只是当时并不含贬义，到了唐朝后，《春秋谷梁序》将九流与异端并列后，加之佛教、道教日盛，才开始含有贬义色彩。2. ☒。解析。《齐书·王敬则传》："檀公（檀道济）三十六策，走为上计。"原来是说，无力抵抗敌人，以走开为上计。"三十六策，走为上计"是说"走为上计"是第三十六计。是指在敌强我弱的情况下，有几种选择：一是求和；二是投降；三是死拼；四是撤退，为了保存实力，以图卷土重来，应主动选择撤退，这是最好的选择，即"走为上"。3. ☑。南北朝时，并发北方的北周与南方的陈国只隔一条长江，北周宰相杨坚废了周静帝后，建立隋朝，决定消灭陈国，曾说："我是老百姓的父母，难道能叫一条像衣带那样宽的长江隔着，就看着南方百姓受苦而不去拯救吗？"成语"一衣带水"由此而来。4. ☒。因为"鹊桥"形容夫妻相会；而成语"魂断蓝桥"形容夫妻关系破裂，或形容夫妻一方失约，另一方殉情；所以，"鹊桥"不可以称为"蓝桥"。5. ☑。成语"弄璋之喜"的"璋"是古代一种形如半个圭的玉器，"玩"是玩弄之意。出自《诗经·小雅·斯干》："乃生男子，载寝之床，载衣之裳，载弄之璋。"意思是说生了男孩子，让他睡在床上，给他穿上衣服，把璋给他玩弄。古人认为玉有美德，给儿子玩玉器是希望他具有玉样的美德。后来就用成语"弄璋之喜"和"弄璋"祝贺生了儿子。而用"弄瓦之喜"表示生了女孩子。显然，古来就有了"重男轻女"的腐朽思想。"弄瓦之喜"也源自于《诗经·小雅·斯干》："乃生女子，载寝之地，载衣之裼，载弄之瓦"。"瓦"是纺车上的零件。6. ☒。春秋战国时期连年征战，各诸侯国之间为了缓和矛盾而联姻，秦国和晋国的国君世世代代都是互相联姻，所以后人就用成语"秦晋之好"泛称两家联姻结为亲家，"秦晋"原来指的是秦国和晋国。7. ☒。成语"张袂成荫"是说张开袖子能遮掩天日，成为阴天，形容人多。"张袂成荫"的"袂"指的是"袖身"的意思。8. ☒。成语"泾渭分明"是指泾水清，渭水浊。这句成语源自泾渭两河交汇处，渭河是黄河最大的支流，泾河又是渭河的分支流。据考证，唐代诗人杜甫《秋雨叹》"浊泾清渭何当分？"大概就是"泾渭分明"这句成语的雏形吧。9. ☑。"如鱼得水"这句成语源于《三国志》，刘备说："孤之有孔明，犹鱼之有水也。愿诸君勿复言。"10. ☑。

"横眉冷对千夫指，俯首甘为孺子牛"是比喻心甘情愿地为人民服务，做无私奉献的人。其中"孺子牛"一词源自于《左传》，当时齐景公有个儿子叫孺子，齐景公很溺爱他，竟口衔着绳子，让孺子牵着玩，做孺子的牛骑着玩。从此"孺子牛"就是表示父母对子女过分溺爱的意思。11. ☒。"丁卯"是"钉卯"的谐音。丁（钉）为器物接榫之凸起者，即榫头；卯为物器接榫之凹入者，指卯眼。丁卯错位就安不上，丁卯合位一丝不差，形容做事认真，确实牢靠，没有一点不合规定。因此，成语"丁是丁，卯是卯"和"丁一卯二"中的"丁"和"卯"是指凹凸。12. ☑。"鹦鹉学舌"比喻人家怎么说，他也跟着怎么说。源自于宋•释道原《景德传灯录•卷二十八》。13. ☒。成语"坐井观天"来源于北宋时期徽宗赵佶、钦宗赵桓二帝被囚的故事，此处的"井"应是小院之类的地方。1127年金灭北宋后，徽宗赵诘、钦宗赵桓二帝被囚于五国城内一个小院里，二帝后相继埋骨于此，"坐井观天"由此而传来。14. ☑。成语"东山再起"的典故出自于东晋谢安，相传他四十多岁出来重新做官。因为他四十岁之前一直隐居东山，所以把隐居后又重新做官任要职的称为"东山再起"。15. ☒。成语"别开生面"来源于杜甫的《丹青引》："凌烟功臣少颜色，将军下笔开生面。"当时杜甫是用来赞扬曹霸将军绘画技术的高超的，使失去光彩的图画重放光彩。现在用来形容创新发展新局面。16. ☒。"阡陌纵横"的"阡"是田间南北方向的小道路。17. ☒。祝寿成语"寿比南山"的"南山"指的是西安终南山，而"愚公移山"的"南山"指的是同一座山。18. ☒。成语"夜郎自大"的"夜郎"是指汉朝时的一个叫夜郎的小国家。比喻自以为是的人。19. ☒。提出"舍生取义"的先秦思想家是孟子。20. ☒。"三"与"四"集中了劳动人民的智慧，是古代文化的结晶，"三"与"四"用法寄托了人们对美好事物的向往和赞誉，是指真善美事物，因此人们将行为不端者形容为"不三不四"。

📖📖📖 11 月 28 日 ✍✍✍

332 ☺☺☺ 找对手填反义字组成语 ☺☺☺.

请您在下列成语的空格内填入与加点的字意义相反或相对的字，以组成成语。

1. 取（ ）补短；　　2. （ ）入浅出；　　3. （ ）非昔比；

4. 化（ ）为夷；　　5. 公而忘（ ）；　　6. 弃暗投（ ）；

7. 无独（ ）偶；　　8. 弄（ ）成拙；　　9. 居安思（ ）；

10. （ ）应外合；　　11. 无独有（ ）；　　12. （ ）凶极恶；

13. 不（ ）不类；　　14. 披坚执（ ）；　　15. 潮起潮（ ）；

16. 此（ ）彼伏；　　17. 厚古薄（ ）；　　18. 取长补（ ）；

19. （ ）来顺受；　　20. 口是心（ ）；　　21. 拈轻怕（ ）；

22. 急脉（ ）灸；　　23. 抑恶扬（ ）；　　24. 吐故纳（ ）；

25. 激（ ）扬清；　　26. （ ）离死别；　　27. 若（ ）若现；

28. （ ）仆后继；　　29. 貌（ ）神离；　　30. 就实论（ ）；

31. 偷寒送（ ）；　　32. 苦尽（ ）来；　　33. 小怯（ ）勇；

34. 色厉内（ ）；　　35. 党同伐（ ）；　　36. 纵横捭（ ）；

37. 交浅言（ ）；　　38. 屈一（ ）万；　　39. 原始要（ ）；

40. 雅（ ）共赏。

♥♥♥ 答案链接 ♥♥♥→▶

1. 长；　2. 深；　3. 今；　4. 险；　5. 私；　6. 明；　7. 有；

8. 巧；　9. 危；　10. 里；　11. 偶；　12. 穷；　13. 伦；　14. 锐；

15. 落；　16. 起；　17. 今；　18. 短；　19. 逆；　20. 非；　21. 重；

22. 缓；　23. 善；　24. 新；　25. 浊；　26. 生；　27. 隐；　28. 前；

29. 合；　30. 虚；　31. 暖；　32. 甘；　33. 大；　34. 荏；　35. 异；

36. 阖；　37. 深；　38. 伸；　39. 终；　40. 俗。

📖📖📖11月29日 ☞☞☞

333 ☺☺☺成语趣味主角连连看（二）☺☺☺.

请您把下面的每一条成语典故和成语主角连接起来，以使之
一一匹配完整。

1. 横槊赋诗（　）	A、田单。
2. 火牛破敌（　）	B、曹操。
3. 完璧归赵（　）	C、韩信。
4. 破釜沉舟（　）	D、蔺相如。
5. 慷慨悲歌（　）	E、养由基。
6. 斩鸡演武（　）	F、项羽。
7. 百步穿杨（　）	G、晋文公重耳。
8. 背水列阵（　）	H、孙武。
9. 退避三舍（　）	I、项羽。
10. 图穷匕见（　）	J、宋太宗赵光义。
11. 纸上谈兵（　）	K、陶渊明。
12. 世外桃源（　）	L、赵括。
13. 开卷有益（　）	M、荆轲。
14. 凤毛麟角（　）	N、王勃。
15. 高朋满座（　）	O、谢超宗。

♥♥♥ 答案链接 ♥♥♥➜▶

1. 横槊赋诗（B）；

2. 火牛破敌（A）；

3. 完璧归赵（D）；

4. 破釜沉舟（F）；

5. 慷慨悲歌（I）；

6. 斩鸡演武（H）；

7. 百步穿杨（ E ）；

8. 背水列阵（ C ）；

9. 退避三舍（ G ）；

10. 图穷匕见（ M ）；

11. 纸上谈兵（ L ）；

12. 世外桃源（ K ）；

13. 开卷有益（ J ）；

14. 凤毛麟角（ O ）；

15. 高朋满座（ N ）。

📖📖📖11 月 30 日☞☞☞

334 ☺☺☺填"如×□□"等句式成语☺☺☺.

下面均是4字的"如×□□"和"×如□□"、"□□如×"、"□□×如"、"如□如□"句式成语，请您在每条成语的空方格里填入适当的两个字，把"如×□□"和"×如□□"、"□□如×"、"□□×如"、"如□如□"句式成语补充完整。

如释□□，如数□□，如雷□□，如花□□，如愿□□，
如坐□□，如鱼□□，如法□□，如臂□□，如不□□，
如椽□□，如花□□，如丘□□，如风□□，如获□□，
如日□□，如履□□，如食□□，如坐□□，如运□□，
如箭□□，如意□□，如影□□，如狼□□，如坐□□，
如狼□□，如出□□，如此□□，如汤□□，如获□□，
如梦□□，如是□□，如锥□□，如鸟□□，如出□□，
如丧□□，如虎□□，如临□□，如堕□□，如嚼□□，
如鱼□□，如意□□，如牛□□，如释□□，如蚁□□。
室如□□，突如□□，势如□□，福如□□，学如□□，
急如□□，面如□□，心如□□，坚如□□，浩如□□，

首如□□，弃如□□，危如□□，味如□□，味如□□，
昭如□□，视如□□，动如□□，视如□□，屋如□□，
□□如豆，□□如炬，□□如登，□□如麻，□□如槌，
□□如簧，□□如归，□□如崩，□□如山，□□如夷，
□□如流，□□如雷，□□如水，□□如虎，□□如雨，
□□如柴，□□不如，□□自如，□□九如，□□自如，
□□裕如，如□如□，如□如□，如□如□，如□如□，
如□如□，如□如□，如□如□，如□似□，如□似□。

♥♥♥ 答案链接 ♥♥♥➜▶

如释重负，	如数家珍，	如雷贯耳，	如花似玉，	如愿以偿，
如坐针毡，	如鱼得水，	如法炮制，	如臂使指，	如不胜衣，
如椽大笔，	如花似锦，	如丘而止，	如风过耳，	如获石田，
如日中天，	如履平地，	如食哀梨，	如坐春风，	如运诸掌，
如箭在弦，	如意郎君，	如影随形，	如狼似虎，	如坐云雾，
如狼牧羊，	如出一辙，	如此而已，	如汤沃雪，	如获至宝，
如梦初醒，	如是我闻，	如锥画沙，	如鸟兽散，	如出一口，
如丧考妣，	如虎添翼，	如临大敌，	如堕烟海，	如嚼鸡肋，
如鱼得水，	如意算盘，	如牛负重，	如释重负，	如蚁附膻，
室如悬磬，	突如其来，	势如破竹，	福如东海，	学如不及，
急如星火，	面如土色，	心如刀割，	坚如磐石，	浩如烟海，
首如飞蓬，	弃如弁髦，	危如累卵，	味如鸡肋，	味如嚼蜡，
昭如日星，	视如敝屣，	动如参商，	视如寇仇，	屋如七星，
目光如豆，	目光如炬，	从善如登，	杀人如麻，	十指如槌，
巧言如簧，	视死如归，	从恶如崩，	堆积如山，	履险如夷，
从谏如流，	暴跳如雷，	一败如水，	畏敌如虎，	谋臣如雨，
骨瘦如柴，	自叹不如，	操纵自如，	天保九如，	运用自如，
应付裕如，	如琢如磨，	如埙如篪，	如兄如弟，	如痴如醉，
如火如荼，	如切如磋，	如胶如漆，	如饥似渴，	如花似锦。

☺☺☺ 十二月 ▶ ▶ ▶

成语游戏人生，从今天开始！

📖📖📖 12 月 1 日

335　☺☺☺ 成语新式另类妙解 ☺☺☺

请把下面的成语作新式另类妙解，新式另类妙解诙谐幽默，生动活泼，新颖别致，匠心独特，别具一格，令人妙趣横生，回味无穷。

1. 一表人才；　2. 马失前蹄；　3. 一举成名；　4. 休戚与共；
5. 杯水车薪；　6. 善始善终；　7. 合二为一；　8. 斩钉截铁；
9. 半途而废；　10. 步调一致；　11. 顾客至上；　12. 开卷有益；
13. 人才出众；　14. 出类拔萃；　15. 迎来送往；　16. 有机可乘。

♥♥♥ 答案链接 ♥♥♥→▶

1. 一表人才——某科学院工程院的院士名单表。2. 马失前蹄——人代会选举的新县长刚刚上马不到 4 个月就因为违法乱纪问题而失前蹄被革职查办了。3. 一举成名——大会与会全体代表一致举手表决通过后，张先生便成为了名人。4. 休戚与共——在双休日里，亲戚们相聚在一起共度假日。5. 杯水车薪——每天上班只是喝一杯茶水，每月可领取一辆车的工资。6. 善始善终——一辈子都在做好事。7. 合二为一——机构改革期间，某县把两个局合并为一个局，人员并不减少。8. 斩钉截铁——锻造工的拿手绝活。9. 半途而废——前任交通局长刚刚调走，公路只修了一半就停工了。10．步调一致——上面领导喜欢跳交谊舞，下面人员也跟着跳交谊舞。11．顾客至上——姓顾的客人应坐在上座。12．开卷有益——开卷考试无论对学生还是对老师来说，都是有好处的。13．人才出众——开会的人员刚刚走出会场。14．出类拔萃——另类的出国去了，优秀的被提拔高升了。15．迎来送往——迎宾员的工作职责。16．有机可乘——可以乘坐飞机出国考察。

📖📖📖12月2日 ✌✌✌

[336] ☺☺☺ 巧移火柴棒，成语变算式 ☺☺☺.

　　人们玩火柴棒游戏有很多玩法，只要大胆尝试，一定会从中获得无穷的乐趣，在游戏中增知识、长智慧。成语"七上八下"形容心中慌张、忐忑不安。下图是用17根火柴棒组成的4字成语"七上八下"，请您分别移动其中4根火柴棒（要求"七上八下"4字中每个字只能移动其中一根火柴棒），就能变成一条数学算式。您会移动吗？试试看！赶快行动吧！OK！

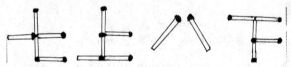

♥♥♥ 答案链接 ♥♥♥➔▶

　　四字成语"七上八下"移火柴棒可变成数学算式"33×3"。移法如下二图所示，　具体移法详见解析说明。（注：变换后的数字和数学符号均需要倒放过来观察，可构成数学算式"33×3"。）

　　解析：将"七"字的左半部分的一根横的火柴棒移开横接到原"七"字的最上面部位，把它倒过来看则变成数字"3"；将"上"字的左下角的一根火柴棒移开横接到原"上"字的最上面部位，把它倒过来看则变成数字"3"；将"八"字的左半部分一根撇状的火柴棒移到原"八"字右半部分呈捺状摆放与原"八"字右半部分撇状笔画呈"×"形，把它倒过来看则变成数学符号"×"；将"下"的左上角的一根横的火柴棒移开横接到原"下"字的最下面，把它倒过来看则变成数字"3"；这样整体倒过来观察则变成这条数学算式"33×3"。

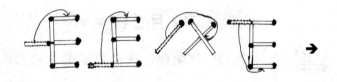

↓ 整体需倒过来观察变成数学算式：

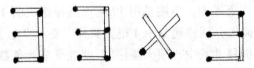

📖📖📖📖12 月 3 日 ☞☞☞

[337] ☺☺☺ 填补丁组成语并释义 ☺☺☺.

请您在下列成语的括号里填入适当的字，以完成下列成语，然后解析所填字的语素意义。

1. 坦荡如（ ），解释：   ；2. 赴（ ）蹈火，解释：   ；

3. （ ）拜下风，解释：   ；4. 泰然（ ）之，解释：   ；

5. 束手无（ ），解释：   ；6. 不（ ）之地，解释：   ；

7. 旁（ ）斜出，解释：   ；8. 今非（ ）比，解释：   ；

9. 日理万（ ），解释：   ；10. （ ）然入梦，解释：   ；

11. （ ）（ ）有味，解释：   ；12. 众目（ ）（ ），解释：   。

13．人迹（　）至；解释：　　。14．置之（　）外；解释：　　。

15．人声（　）沸；解释：　　。16．（　）（　）而生；解释：　　。

17．惟（　）惟（　）；解释：　　。18．青翠（　）滴；解释：　　。

19．（　）掖后生；解释：　　。20．迎（　）而解；解释：　　。

21．天（　）地义；解释：　　。22．一知半（　）；解释：　　。

23．落拓不（　）；解释：　　。24．和光同（　）；解释：　　。

25．（　）风捉影；解释：　　。

♥♥♥ 答案链接 ♥♥♥→▶

1．砥，磨刀石；2．汤，沸水；3．甘，心甘情愿；4．处，处理；5．策，方法，办法；6．毛，指草木；7．逸，原意是逃的意思；8．昔，过去；9．机，事情；10．酣，熟睡；11．津津，有滋味；12．睽睽，张望；13．罕，稀少；14．度，考虑；15．鼎，古代煮食器；16．油然，自然地发生；17．妙，肖，手艺巧妙，相似逼真；18．欲，想要；19．奖，夸奖；20．刃，刀口；21．经，道理；22．解，理解23．羁，拘束；24．尘，世俗25．捕，根据。

📖📖📖12 月 4 日 🐟🐟🐟

338 ☺☺☺剪纸画猜射动物成语谜语 ☺☺☺.

剪纸谜是以剪纸艺术作品为谜面而猜射谜底的一种趣味花色谜语，其中的"剪"是表性词。请您根据下面这两幅剪纸图画，分别猜射一条含有动物称谓名称的动物4字成语。🖐 ⬇

♥♥♥ 答案链接 ♥♥♥➔▶

1. 闻鸡起舞；2. 对牛弹琴；3. 牛角挂书；4. 鸡鸣而起；5. 牛之一毛；6. 鸡尸牛从；7. 钻牛角尖；8. 如牛负重。

📖📖📖📖 12 月 5 日 ☞☞☞

339 ☺☺☺ 成语谜语猜猜看 ☺☺☺.

1. 浏览指南；2. 单口相声；3. 只记着"因为"；4. 礼花腾空；5. 先到的住楼下；6. 枕头；7. 爱在白天约会；8. 听其言，观其行；9. 三伏天里猜谜语；10. 五色祥云飞不绝；11. 朱老总登上检阅台（粉底格）；12. 化妆室（掉尾格）；13. 实现优势互补；14. 盲从；15. 处处歌声美；16. 储蓄不嫌利息低；17. 垂柳笼烟，芙蓉映日；18. 船长下令鸣笛；19. 大雪纷飞；20. 春节更换年画；21. 自传连载；22. 择日乔迁；23. 必须制造优良产品；24. 半；25. 昊；26. 姑娘年方十六岁；27. 斌；28. 十二月（黄字色彩谜）；29. 卡；30. 守岁。

♥♥♥ 答案链接 ♥♥♥➔▶

1. 引人入胜； 2. 自言自语； 3. 忘乎所以； 4. 五彩缤纷；

5. 后来居上； 6. 置之脑后； 7. 相见恨晚； 8. 察言观色

9. 打得火热；10. 五彩缤纷；11. 德高望重；12. 打扮入时；

13. 外引内联；14. 不见不散；15. 曲尽其妙；16. 一息尚存；

17. 柳暗花明；18. 一命呜呼；19. 天花乱坠；20. 弃旧图新；

21. 年年有余；22. 改天换地；23. 不可造次；24. 本末倒置；

25. 日月经天；26. 瓜字初分；

27. 文才武略（文武双全、经文纬武）；

28. 青黄不接；29. 承上启下；30. 以待来年。

📖📖📖12月6日

340 ☺☺☺ "鼎"字成语万向联想谜 ☺☺☺.

"鼎"是古代煮食物的用具，多为圆形，两耳三足，用青铜铸造，故名"青铜器"。1999年国家主席以中央政府的名义送给联合国一座"中华世纪鼎"。在2003年中央电视台春节联欢晚会上，全国56个民族的代表把自己家乡的土，都倒在同一个鼎中，寓意56个民族是一家，誓言永不分离，因为中国成语有"一言九鼎"的说法。请您以"鼎"字成语万向联想，回答下列问题。

1. 请列举一例代表商朝灿烂文明的青铜器成语。

2. 请列举若干条关于"鼎"字的成语，简要介绍一下中华民族的"鼎"文化，好吗？请回答：自古至今为什么中国人一直崇拜"鼎"、重视"鼎"呢？

3. "中华世纪鼎"是商朝时期的一座青铜器的复制品，您知道是哪件青铜器吗？

♥♥♥ **答案链接** ♥♥♥→▶

1. 四羊方鼎。2. 问鼎中原，春秋鼎盛，夏鼎商彝，钟鸣鼎食，鼎力相助，势成鼎足，尝鼎一脔，舆论鼎沸，三足鼎立，大名鼎鼎，鼎新革故，鼎盛之年，鼎足而立，力能扛鼎，人声鼎沸，瓜分鼎峙，牛鼎烹鸡，鼎足之势，鼎铛有耳，革故鼎新，九鼎大吕，拔山扛鼎，铸鼎象物，举鼎绝膑，鼎足而三，三分鼎足，拔山举鼎等成语。因为"鼎"象征着权力与地位，是中华古老文明的代表。3. 司母戊鼎。

📖📖📖📖12 月 7 日 ☞☞☞

341 ☺☺☺填字趣组同位双胞胎成语 ☺☺☺.

请在下面"□"里填入适当的字，使下列成语都组成同位双胞胎成语。(注：每组成语的上联与下联同一位置的字都相同。)

1. □之□□，□之□□； 2. □之□□，□之□□；
3. □其□□，□其□□； 4. □事□□，□事□□；
5. □者□□，□者□□； 6. □佛□□，□佛□□；
7. □其□□，□其□□； 8. □如□□，□如□□；
9. □之□□，□之□□； 10. □犬□□，□犬□□；
11. □于□□，□于□□； 12. □不□□，□不□□；
13. □夫□□，□夫□□； 14. □为□□，□为□□；
15. □有所□，□有所□； 16. □听则□，□听则□；
17. □人传□，□人传□； 18. □□成□，□□成□；
19. 为□驱□，为□驱□； 20. □□不□，□□不□；
21. □□者□，□□者□； 22. 近□者□，近□者□；
23. □□不□，□□不□； 24. □□而□，□□而□；
25. 同□相□，同□相□； 26. □则□□，□则□□；
27. □之即□，□之即□； 28. □也萧何，□也萧何；
29. □高一□，□高一□； 30. □无不□，□无不□；
31. □道□助，□道□助； 32. □□为□，□□为□；
33. □者不□，□者不□； 34. □人莫□，□人莫□；
35. □而不□，□而不□； 36. □之者□，□之者□；
37. □□于□，□□于□； 38. □□□之，□□□之；
39. □年树□，□年树□； 40. 十□所□，十□所□；

41. □为□□，□为□□； 42. □无不□，□无不□；

43. □□其□，□□其□； 44. □不着□，□不着□；

45. □□无□，□□无□； 46. 一波□□，一波□□；

47. 一则以□，一则以□； 48. 疑□无□，疑□无□；

49. 如□其□，如□其□； 50. 种□得□，种□得□；

51. 一□□，一□□； 52. □不□，□不□；

53. □不□，□不□； 54. □是□，□是□；

55. □一□，□一□； 56. 勿以□小而为之，勿以□小而为之。

♥♥♥ 答案链接 ♥♥♥→▶

1. 失之东隅，收之桑榆； 2. 藏之名山，传之其人；

3. 嘤其鸣矣，求其友声； 4. 成事不足，败事有余；

5. 往者不谏，来者可追； 6. 一佛出世，二佛生天；

7. 避其锐气，击其惰归； 8. 静如处女，动如脱兔；

9. 失之毫厘，差之千里； 10. 一犬吠形，百犬吠声；

11. 重于泰山，轻于鸿毛； 12. 道不拾遗，夜不闭户；

13. 一夫当关，万夫莫开； 14. 宁为玉碎，不为瓦全；

15. 尺有所短，寸有所长； 16. 兼听则明，偏听则暗；

17. 一人传虚，万人传实； 18. 张袂成阴，挥汗成雨；

19. 为渊驱鱼，为丛驱雀； 20. 四体不勤，五谷不分；

21. 当局者迷，旁观者清； 22. 近朱者赤，近墨者黑；

23. 户枢不蠹，流水不腐； 24. 月晕而风，础润而雨；

25. 同声相应，同气相求； 26. 有则改之，无则加勉；

27. 招之即来，挥之即去； 28. 成也萧何，败也萧何；

29. 道高一尺，魔高一丈； 30. 攻无不克，战无不胜；

31. 得道多助，失道寡助； 32. 高岸为谷，深谷为陵；

33. 来者不善，善者不来； 34. 疑人莫用，用人莫疑；

35. 视而不见，见而不闻； 36. 顺之者昌，逆之者亡；

37. 青出于蓝，而胜于蓝； 38. 将欲取之，必先与之；

39. 十年树木，百年树人；40. 十目所视，十手所指；
41. 宁为鸡口，不为牛后；42. 攻无不克，战无不胜；
43. 金玉其外，败絮其中；44. 上不着天，下不着地；
45. 上天无路，入地无门；46. 一波未平，一波又起；
47. 一则以喜，一则以惧；48. 疑行无成，疑事无功；
49. 如闻其声，如见其人；50. 种瓜得瓜，种豆得豆；
51. 一举手，一投足；52. 一不做，二不休；
53. 高不成，低不就；54. 丁是丁，卯是卯；
55. 经一事，长一智；56. 勿以恶小而为之，勿以善小而不为。

📖📖📖 12 月 8 日 🔖🔖🔖

342 ☺☺☺ 成语谜语猜猜猜 ☺☺☺

请根据下面 60 条各猜一条 4 字成语。

1. 咄；2. 家住和平里，不忘战争事；3. 铁扇公主家宴正拨弦；
4. 琴台；5. 枪弹上膛；6. 聊斋志异；7. 零存整取；8. 民航局开业；9. 千里通电话；10. 王母娘娘蟠桃宴；11. 书蠹；12. 导游；
13. 太阳灶；14. 显微镜；15. 爬竹竿；16. 无底洞；17. 粮棉高产；18. 逆水行舟；19. 举重比赛；20. 疝氖；21. 读新书，读好书；22. 年年都看剧；23. 卧室；24. 汗衫；25. 发面团；26. 全错；27. 正；28. 闹；29. 人；30. 皿；31. 人人延年益寿；32. 看不见自己；33. 拔牙；34. 仄声；35. 海地；36. 开闸；37. 穿心；
38. 穿针；39. 水路不通；40. 千歌万曲唱不尽；41. 红楼梦里得鸳鸯；42. 唐僧的书；43. 穆桂英比武招亲；44. 打渔杀家；45. 走为上策；46. 随地吐痰有何害处？47. 金鼓齐鸣；48. 伞兵；49. 判；
50. 龙；51. 一；52. 乖；53. 哑；54. 者；55. 女；56. 扰；
57. 黯；58. 田；59. 吴；60. 若。

♥♥♥ 答案链接 ♥♥♥→▶

1. 脱口而出； 2. 居安思危； 3. 对牛弹琴； 4. 乐在其中；
5. 一触即发； 6. 鬼话连篇； 7. 积少成多； 8. 有机可乘；
9. 遥相呼应；10. 聚精会神；11. 咬文嚼字；12. 引人入胜；
13. 热火朝天；14. 一孔之见；15. 节节上升；16. 深不可测；
17. 丰衣足食；18. 力争上游；19. 斤斤计较；20. 气吞山河；
21. 不念旧恶；22. 载歌载舞；23. 五体投地；24. 一衣带水；
25. 自高自大；26. 一无是处；27. 不偏不倚；28. 门庭若市；
29. 巧夺天工；30. 一针见血；31. 各有千秋；32. 一览无余；
33. 骨肉分离；34. 不平则鸣；35. 土洋结合；36. 放任自流；
37. 不着边际；38. 无孔不入；39. 乘机而入；40. 其乐无穷；
41. 一石二鸟；42. 一本正经；43. 匹夫之勇；44. 恩将仇报；
45. 等而下之；46. 感人肺腑；47. 进退两难；48. 从天而降；
49. 一刀两断；50. 充耳不闻；51. 接二连三；52. 乘人之危；
53. 有口难言；54. 有目共睹；55. 如出一口；56. 半推半就；
57. 有声有色；58. 挖空心思；
59. 天各一方［或"言多必失"（掉头格谜）］；60. 一言为定。

📖📖📖📖12月9日 ☞☞☞

343 ☺☺☺看图猜成语谜 ☺☺☺.

下面30幅字图分别代表的是30条成语，您能根据其中的含意，在3分钟内把这些成语猜出来吗？请快快参与进来吧！您一定能成功闯关哦～～～！

1. 司 2. 床 3. 天 4. 刀 5. 话 6. 足 7. 天顶；床；家；
人；不；首；家；8. 回 9. 三；10. 见<怪；11. 呼叫；12. 天作；13. 两；14. 言；15. 亥时；16. 年车；17. 知角；18. 和昌；19. 关；20. 柳花；21. 独；22. 不；23.

法廉 24. 心；25. 海；海家海；　海 ；26. 木相目 27. 骤；

28. 意；29. 尖；30. 无。

♥♥♥ 答案链接 ♥♥♥▶

1. 顶头上司；　2. 床上安床；3. 家天下；　　4. 刀下留人；
5. 不在话下；　6. 足上首下；7. 天下为家；　8. 内外交困；
9. 三字狱；　10. 少见多怪；11. 大呼小叫；12. 天作之合；
13. 一刀两断；14. 一言堂；　15. 一时半刻；16. 一年半载；
17. 一知半解；18. 一唱一和；19. 美中不足；20. 柳暗花明；
21. 独具只眼；22. 不拘一格；23. 大法小廉；24. 心宽体胖；
25. 四海一家；26. 相门有相；27. 非驴非马；28. 意中人；
29. 有心人；　30. 无中生有。

📖📖📖12 月 10 日 ☞☞☞

344 ☺☺☺根据古诗词句提炼成语 ☺☺☺.

请根据下列句子各提炼一条歇后语。

1. 丈人屋上乌，人好乌亦好。人生意气豁，不在相逢早。
　　　　　　　　——[唐·杜甫《奉赠射洪李四丈》]
2. 我欲乘风归去，又恐琼楼玉宇，高处不胜寒。
　　　　　——[宋·苏轼《水调歌头·丙辰中秋兼怀子由》]
3. 洞房花烛明，燕余双舞轻。
　　　　　　——[梁·庾信《庾子山集·和咏舞》]
4. 战退玉龙三百万，败鳞残甲满空飞。
　　　　　——[宋·蔡絛《西清诗话》引张元《咏雪》诗]
5. 月缺花残莫怅然，花须终发月终圆。
　　　　　　——[唐·温庭筠《和友人伤歌姬》]

6. 欲穷千里目，更上一层楼。

——［唐·王之涣《登鹳雀楼》］

7. 君子防未然，不处嫌疑间；瓜田不纳履，李下不整冠。

——［古乐府《君子行》］

8. 休笑巢鸠计拙，葫芦提一向装呆。

——［元·马致远《双调·夜行船》］

9. 老当益壮，宁移白首之心；穷且益坚，不坠青云之志。

——［初唐·王勃《滕王阁序（秋日登洪府滕王阁饯别序）》］

10. 高摘屈宋艳，浓熏班马香。（注：屈宋即是屈原和宋玉；班马即是班固和司马迁）。

——［唐·杜牧《冬至日寄小侄阿宜》诗］

11. 酒债寻常行处有，人生七十古来稀。

——［唐·杜甫《曲江二首》］

12. 有生不幸遭乱世，弱肉强食官无诛。

——［明·刘基《诚意伯集·秦女休行》］

13. 君子之交淡如水，小人之交甘如醴。

——［《庄子·山木》］

14. 才疏志大不自量，西家东家笑我狂。

——［宋·陆游《剑南诗稿·大风登城》］

15. 小楼昨夜又东风，故国不堪回首月明中。

——［南唐二主词·李煜《虞美人》］

16. 一尘不染香到骨，姑射仙人风露身。

——［宋·张耒《柯山集·腊初小雪后圃梅开》］

17. 长篇小字远相寄，一唱三叹神凄楚。

——［宋·陆游《和蔡景繁海州石室》诗］

18. 翻手作云覆手雨，纷纷轻薄何须数。

——［唐·杜甫《贫交行》］

19. 举世皆浊我独清，众人皆醉我独醒。

——［战国时期·楚国《楚辞·渔父》］

20. 千淘万漉虽辛苦，吹尽寒沙始到金。

———［唐·刘禹锡《浪淘沙》］

21. 嫦娥应悔偷灵药，碧海青天夜夜心。

———［唐·李商隐《嫦娥》诗］

22. 昔人已乘黄鹤去，此处空余黄鹤楼。

———［唐·崔颢《黄鹤楼》诗］

23. 踏破铁鞋无觅处，算来全不费工夫。

———［元·马致远《元曲选·岳阳楼·四》曲］

24. 忽闻海上有仙山，山在虚无缥渺间。

———［唐·白居易《白氏长庆集·长恨歌》］

25. 千八百国，咸归至治之风；亿万斯年，共祝无疆之寿。

———［宋·欧阳修《欧阳文忠集·圣节五方老人祝寿文》］

♥♥♥ 答案链接 ♥♥♥➜▶

1. 爱屋及乌；　2. 琼楼玉宇；　3. 洞房花烛；　4. 败鳞残甲；

5. 月缺花残；　6. 更上一层楼；7. 瓜田李下；8. 鹊巢鸠占；

9. 老当益壮，穷且益坚；10. 摘艳熏香；11. 古稀之年；

12. 弱肉强食；13. 君子之交，小人之交；14. 志大才疏；

15. 不堪回首；16. 一尘不染；17. 一唱三叹；18. 翻云覆雨；

19. 独清独醒；20. 沙里淘金；21. 碧海青天；22. 人去楼空；

23. 踏破铁鞋；24. 仙山琼阁，虚无缥缈；25. 亿万斯年，万寿无疆。

📖📖📖12 月 11 日 ☞☞☞

345 ☺☺☺ 填成语巧接歇后语（三）☺☺☺.

　　下列歇后语都包含有历史人物和历史故事，请把下列歇后语后面的"注释"部分用成语连接补充完整。

　　1. 佘太君挂帅——　　　　　　　　　；

2. 鲁班面前摆弄大斧——　　　；

3. 楚霸王别姬——　　　；

4. 项羽攻秦——　　　；

5. 半路杀出个程咬金——　　　；

6. 罗成的回马枪——　　　；

7. 阎锡山骑毛驴——　　　；

8. 华佗行医——　　　；

9. 姜太公钓鱼——　　　；

10. 坐在钱眼儿里摸钱边——　　　；

11. 猪八戒掉进猎食桶——　　　；

12. 铁拐李拄拐杖——　　　；

13. 吕洞宾考状元——　　　；

14. 曹国舅杀兄弟——　　　；

15. 何仙姑求观音——　　　；

16. 张果老做买卖——　　　；

17. 马蹄刀瓢里切菜——　　　；

18. 病好打医生——　　　；

19. 箅子上取窝窝头——　　　；

20. 矮子爬楼梯——　　　。

♥♥♥ 答案链接 ♥♥♥➔▶

1. 佘太君挂帅——马到成功；2. 鲁班面前摆弄大斧——不知高低；

3. 楚霸王别姬——众叛亲离；4. 项羽攻秦——破釜沉舟；

5. 半路杀出个程咬金——措手不及；6. 罗成的回马枪——望后看；

7. 阎锡山骑毛驴——不用劳心；8. 华佗行医——名不虚传；

9. 姜太公钓鱼——愿者上钩；

10. 坐在钱眼儿里摸钱边——财迷心窍。

11. 猪八戒掉进猎食桶——求之不得；

12. 铁拐李拄拐杖——装模作样；13. 吕洞宾考状元——怀才不遇；

14. 曹国舅杀兄弟——大义灭亲；15. 何仙姑求观音——成人之美；

16. 张国老做买卖——扶贫济困；

17. 马蹄刀瓢里切菜——滴水不漏；18. 病好打医生——恩将仇报；

19. 算子上取窝窝头——十拿九稳；20. 矮子爬楼梯——步步高升。

📖📖📖 12 月 12 日 ☞☞☞

346 ☺☺☺ 成语画谜 ☺☺☺.

请您根据以下两幅图画，分别猜射一条相同的 4 字成语。

♥♥♥ 答案链接 ♥♥♥→▶

1. 返老还童；2. 返老还童。

📖📖📖 12 月 13 日 ☞☞☞

 ☺☺☺ 看图画猜反义成语 ☺☺☺.

你能根据下图中这位那吒少年朋友的动作、语言、表情及神态，分别猜射一褒一贬的两条反义 4 字成语吗？ ✎

♥♥♥ 答案链接 ♥♥♥→▶

1. 毛遂自荐；2. 自卖自夸。

📖📖📖12 月 14 日 🖋🖋🖋

348 ☺☺☺ 根据图画猜体育成语谜 ☺☺☺.

　　下面的图画都是些体育项目画面的说明，它们分别是：帆船、艺术体操、举重、跆拳道、网球、射击、跑步、跳水、羽毛球、乒乓球、游泳、足球、花样游泳、铅球、跳伞、钓鱼、射箭、马术、摔跤、体操等体育项目画面的说明，这些体育项目画面均与成语和惯用语有关。请您根据这些体育项目画面独有的种种特点及其说明分别猜射相应的成语和惯用语。

1. 帆船; 2. 艺术体操; 3. 举重; 4. 跆拳道;

5. 网球; 6. 射击; 7. 跑步; 8. 跳水;

9. 羽毛球; 10. 乒乓球; 11. 游泳; 12. 足球;

13. 花样游泳; 14. 铅球; 15. 跳伞; 16. 钓鱼;

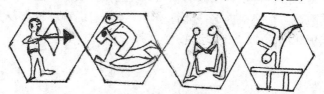

17. 射箭; 18. 马术; 19. 摔跤; 20. 体操。

♥♥♥ 答案链接 ♥♥♥→▶

1.乘风破浪(一帆风顺)。2.花枝招展。3.斤斤计较(一举成功)。

4.一招一式（花拳绣腿）。5.一网打尽。6.众矢之的（一触即发；百发百中；弹无虚发；枪林弹雨）。7.争分夺秒（健步如飞）。8.居高临下。9.手挥目送（手援天下；拍手称快）。10.小巧玲珑（以小见大；拍手称快）。11.勇往直前（力争上游；力挽狂澜）。12.踢来踢去（踢皮球）。13.水性杨花。14.一臂之力（一举手，一投足）。15.从天而降。16.愿者上钩。17.箭在弦上，不得不发（万箭攒心）。18.一马当先。19.两虎相斗。20.金鸡倒立。

📖📖📖📖12 月 15 日 🐾🐾🐾

349 ☺☺☺ 趣味动物成语连环（二）☺☺☺.

请您在下图中标示有"A"至"V"22 个英文字母处的每个空白字母标示格内填入适当的字，使按字母顺序被填入的每两个字与其同一小圆环内原有的两个动物名称的字分别组成一条 4 字成语。

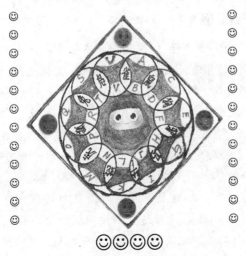

♥♥ 答案链接 ♥♥♥→▶

从该图最上面部位的"雀"字开始自左到右顺时针走转圆环填字可组成11条成语依次是：罗雀掘鼠；鼠窃狗盗；驴鸣狗吠；非驴非马；土牛木马；牛鬼蛇神；虎头蛇尾；狐假虎威；兔死狐悲；兔起兔举；兔趋雀跃。按字母顺序填入文字依次是：A罗，B掘；C窃，D盗；E鸣，F吠；G非，H非；I土，J木；K鬼，L神；M头，N尾；O假，P威；Q死，R悲；S起，T举；U趋，V跃。

📖📖📖12 月 16 日 ☜☜☜

350 ☺☺☺ 开心故事会 ☺☺☺.

请分别以成语"安然无恙"、"化整为零"和"礼尚往来"为题材各编写一段幽默小故事。（幽默可乐指数：*****）

♥♥♥ 答案链接 ♥♥♥ → ▶

1. [安然无恙] 有一位立先生读书不求甚解，不懂装懂。一次，有人请他念信，信中有"安然无恙"一词，立先生却念成了"安然无羔"，那人听不懂。问"无羔"是什么意思，立先生解释说："'无羔'嘛，就是说她从来没有怀过小孩"。请立先生读信的人，百思不解其意，他感到莫名其妙，心想：他的朋友明明是男的，有了几个孩子，怎么突然间变成女的呢？这其中莫非也是一场"乌龙"呢？

2. [化整为零] 一天，张先生来到餐馆吃饭，花了30元钱买了一碗羊肉汤，店小二端上来的羊肉汤里却只有一块肉，张先生说："这30元钱怎么就只有这么一块肉呢？怎么得也要有七八块肉吗？"，店小二立即说道："这好办哦，马上叫厨师拿刀把这块整肉切成七八块肉就是了涩"。张先生听后，愕然……哈哈~~~！

3. [礼尚往来]：同事甲：今天单位评比"年度先进工作者"，

我准投您一票。

同事乙：够哥们义气！我一定也投您一票，没说的！

同事甲、乙合声：好！好！好！这就是礼——尚——往——来！

📖📖📖12 月 17 日 🌿🌿🌿

351 ☺☺☺ **快乐穿越 7×7 成语接龙谜阵** ☺☺☺.

这个 7×7 快乐成语接龙谜阵是由 14 条 4 字成语接龙而成，请从"牛"字出发，至"人"字闯出谜阵，请在此谜阵中的空方格内填入适当的字，争做穿越谜阵牛人，相信您一定会成功穿越这个成语接龙谜阵的！

牛			苦			飞
刀	酒	久	共	尽	莺	黄
割	天	天	甘	甘	长	腾
飞	观	驱	三	日	丰	官
狗	马	直	木	方	林	贵
走		入		长		人

♥♥♥ **答案链接** ♥♥♥→▶

牛	地	地	苦	苦	飞	飞
刀	酒	久	共	尽	莺	黄
割	天	天	甘	甘	长	腾
鸡	花	长	分	来	草	达
飞	观	驱	三	日	丰	官
狗	马	直	木	方	林	贵
走	走	入	入	长	长	人

📖📖📖12 月 18 日 ☞☞☞

📖352 ☺☺☺ **影视剧目漏字成语谜** ☺☺☺.

　　下面每组中都有两部漏字的电影电视剧目片名，请用一条恰当的成语，以准确地填写完整漏字。

1.《激战之□》、《雨□》；2.《东港谍□》，《虎穴追□》；

3.《一世牵□》，《□情》；4.《审□》，《少林小□》；

5.《□兵新传》，《□林寺》；6.《人□》，《生□恋》；

7.《□家灯火》，《□忘的战斗》；8.《甲午风□》，《四渡赤□》；

9.《瞧这□家子》，《小□黑结婚》；

10.《狼牙□五壮士》，《汾□长流》；

11.《第□个弹孔》，《□场风波》；

12.《绝□》，《八千里路云□月》；13.《□庭内外》，《夏妍的秋□》；

14.《天山的歌□》，《□痕》；15.《□的突破》、《武松□虎》；

16.《于无□处》，《熊□》；17.《潜□》，《三个失□的人》；

18.《迟到的春□》，《大□官》；19.《浪□天涯》，《无息的雨□》；

20.《□月图》，《今□星光灿烂》；

21.《闪光的时□》，《繁花□节》；22.《瞧这一家□》，《赵钱□李》；

23.《我这一辈□》，《南国□佳人》；

24.《少年张□丰》，《□世同堂》；25.《□满人间》，《大路朝□》；

26.《万水千山总是□》，《情□我心知》；

27.《道是无□却有情》，《□和团》；

28.《天山歌□》，《角□的竞争》；

29.《不是为了爱□》，《情□无价》；30.《爱的□候》，《开心时□》；

31.《生意场上的女□》，《碧海丹□》；

32.《闪光的时□》，《幸福□光》；

33.《无□的雨声》，《失去的歌□》；

34.《相见□难》，《难忘的时□》；35.《誓言无□》，《长流不□》；

36.《毛泽东的□事》，《一生情□》；

37. 《攻破黎明□的黑暗》，《停战之□》；

38. 《小巷□流》，《寻常百□家》；

39. 《盖世□》，《□乐密闻》；40. 《□日的风》，《□之花》；

41. 《请把信留□》，《在希望的田野□》；

42. 《激情燃烧的岁□》，《王朝末□》。

♥♥♥ 答案链接 ♥♥♥→▶

1. 空前绝后； 2. 无影无踪； 3. 无牵无挂； 4. 妻离子散；

5. 遗老遗少； 6. 舍生忘死； 7. 排除万难； 8. 行云流水；

9. 一干二净； 10. 山穷水尽； 11. 缺衣（一）少食（十）；

12. 一唱一和； 13. 无法无天； 14. 声泪俱下； 15. 零敲碎打；

16. 销声匿迹； 17. 无影无踪； 18. 无法无天； 19. 销声匿迹；

20. 没日没夜； 21. 无时无刻； 22. 断子绝孙； 23. 子虚乌有；

24. 丢三落四； 25. 无法无天； 26. 无情无义； 27. 无情无义；

28. 不露声色； 29. 无情无义； 30. 无时无刻； 31. 人心涣散；

32. 无时无刻； 33. 无声无息； 34. 无时无刻； 35. 无声无息；

36. 无缘无故； 37. 空前绝后； 38. 隐姓埋名； 39. 无拳无勇（永）；

40. 无冬无夏； 41. 不上不下； 42. 不日不月。

📖📖📖12 月 19 日 ☞☞☞

【353】 ☺☺☺ 成语与人名（五）☺☺☺

　　名字对一个人来说是非常重要的，人人都有名字，天天都在使用名字。名字传承人的情、意、志，蕴涵人的精、气、神。有些人的名字源自于成语，请写出下列某人的名字各取自哪些成语呢？以破解起名之道，打造完美人生。

1. 徐特立； 2. 张大千； 3. 王若虚； 4. 杨万里； 5. 李玉金；

6. 刘明智； 7. 李延年； 8. 宁致远； 9. 秦怀玉； 10. 张一驰；

11．王致和；12．杨秀清；13．李世民；14．王玉美；15．林竹风；16．陈建功；17．马识途；18．黄庭坚；19．薄一波；20．李星斗；21．叶知秋；22．陈玉成；23．回良玉；24．余心言；25．叶至善；26．潘长江；27．王成功；28．贾万桥；29．海清（海青）；30．程思源；31．仲星光；32．程翼飞；33．杨海波；34．戴志成；35．王树声；36．方　家；37．郑光祖；38．孙秀慧；39．陶成章；40．安紫嫣。

♥♥♥ 答案链接 ♥♥♥→►

1．特立独行；2．大千世界；3．虚怀若谷；4．前程万里；5．良金美玉；6．聪明才智（聪明睿智）；7．延年益寿；8．宁静致远；9．被褐怀玉；10．一张一弛；11．和气致祥；12．激浊扬清；13．济世安民；14．美玉无瑕；15．竹林七贤，茂林修竹；16．建功立业；17．识途老马；18．初写黄庭；19．一波三折（一波未平，一波又起）；20．星移斗转；21．一叶知秋；22．玉不琢，不成器；23．精金良玉；24．言为心声；25．至善至美；26．潘江陆海；27．马到成功（失败是成功之母）；28．千桥万梁；29．海晏河清（碧海青天）；30．饮水思源；31．星火燎原；32．不翼而飞（由"不翼而飞"借助改造而来）；33．海不扬波；34．有志者，事竟成（有志竟成）；35．树之风声；36．大方之家；37．光宗耀祖；38．秀外慧中；39．下笔成章；40．姹紫嫣红。

📖📖📖12月20日

354 ☺☺☺ 法官判案快而准（二）☺☺☺

成语法庭现在开庭哦 ➜ 请您快速判断下列有关成语说法的对错，正确的请在每一题后面的括号里打"☑"，错误的请在每一题后面的括号里打"☒"，并分别作一解析，说明理由。

1. 成语"一唱三叹"，"叹"的本义是感叹的意思。（　）

2. 成语"屡见不鲜"，"鲜"的本义是新宰杀的禽兽。比喻多次看见就不觉得新奇了。（　）

3. 成语"黄花闺女"专指 待嫁女子，其中的"黄花"是指一种黄颜色的花。（　）

4. 成语"豆蔻年华"指的是 13~14 岁女子。（　）

5. 成语"半路出家"在《西游记》说的是沙和尚。（　）

6. 成语"纸上谈兵"来源于战国时"长平之战"，该战役导致 40 万赵军被坑杀，而致使赵国 40 万大军被坑杀的将军是赵奢。（　）

7. 主张"人之初，性本善"的说法是荀子，主张"人之初，性本恶"之说法的是孟子。（　）

8. 最早提出"无为而治"这一思想的思想家是孟子。（　）

9. "程门立雪"这个成语典故说的是宋朝的杨时，为了见明士程颐而在他门前冒雪等待的故事，杨时等待的目的是为了道谢。（　）

10. 成语"没有规矩，不成方圆"中"规矩"的本义是教鞭子。（　）

11. "牛郎织女"中的"牛郎星"是天鹰座的第一亮星，他与"织女星"隔银河相对。（　）

12. "七月流火"是指天气转热。（　）

13. "月有阴晴圆缺"是由于月亮自转运动而引起的。（　）

14. 不可能出现"太阳从西边出来"的事，在金星上看到的太阳也是东升西落的，因为用"太阳从西边出来"比喻不可能的事。
（　　）

15．"诗中有画"、"画中有诗"是苏轼对王维诗歌的评价。
（　　）

16．"六根清净"是佛家用语，"六根"是指眼、耳、鼻、舌、身、意。（　　）

17．"天下兴亡，匹夫有责"是思想家黄宗羲的名言。（　　）

18．"草船借箭"的主角人物是诸葛亮。（　　）

19．荀子用"青，取之于蓝而青于蓝"（成语"青出于蓝，而胜于蓝"）说明学习必须持久专一。（　　）

20．成语"高义薄云"是用来形容文章的结构完整。（　　）

♥♥♥ 答案链接 ♥♥♥➔▸

1．☒。成语"一唱三叹"的"叹"的本义是附和的意思。《荀子·礼论》："清庙之歌，一唱而三叹也。"意思是说一个人唱歌，三个人附和。后来形容诗文、音乐优美悦耳。2．☑。成语"屡见不鲜"的"鲜"的本义是新宰杀的禽兽。3．☒。成语"黄花闺女"的"黄花"是指古时女子用黄纸剪成的装饰，因为在我国古代女子在梳妆时会对着镜子贴一些用黄纸剪成花形的装饰品，后来"黄花"就引申为待嫁女子。4．☑。成语"豆蔻年华"出自唐代杜牧《赠别》诗。"娉娉袅袅十三余，豆蔻梢头二月初"。后称13~14岁的女孩为"豆蔻年华"。5．☒。成语"半路出家"在《西游记》说的是猪八戒。6．☒。战国中后期，最具备统一中国的实力的国家只有秦国和赵国，对赵国而言，最悲哀的事情莫过于"长平之战"。40万赵军被坑杀，从此，赵国丧失了与秦国争雄的实力，而致使赵国40万大军被坑杀的将军是赵括，赵括系赵国名将赵奢之子，只会照本宣科，不知道变通，这就是"纸上谈兵"这句成语的由来。7．☒。主张人性本善的是孟子，主张人性本恶说的是荀子。8．☑。最早提出"无为而治"这一思想是老子的《道德经》。"为无为，则无不治"。意思是说以顺其自然的态度做事，没有什么管理不好的。9. ☒。成语"程门立雪"来源于《宋史·杨时传》，这个成语典故说的是宋朝的杨时、游酢有一天为了见老师程颐而在他的门前冒雪侍立等待的故事，杨时、游酢等待的目的是为了拜访老师程颐。10. ☒。熟语"没有规矩，不成方圆"中"规"是一种玉制的尺子，"矩"是最基本的测量工具，中国是一个讲规矩的国家，"没有规矩，不成方圆"中"规矩"的本义是方、圆的校正器，引申义就是法规和准则。11. 。河鼓二就是天鹰星a星，俗称"牛郎星"，在夏季的夜晚，它是天空中非常著名的亮星，呈银白色，距地球16.7光年，它的直径是太阳直径的1.6倍，表面温度是70000C左右，发光能力比太阳大8倍，与"织女星"隔银河相对。织女一是天琴座的一颗亮星，学名叫天琴座a，它是夏夜星空中最著名的亮星之一，人们称它为"织女星"，在西方又被称为"夏夜的女王"。"牛郎织女"语出《古诗十九首》。"迢迢牵牛星，皎皎河汉女"。12. ☒。"七月"是农历的七月，《诗经·豳风·七月》："七月流火，九月授衣"。"流"是指移动、落下，"火"是指星名"大火星"，即心宿，特指心宿二，非指行星中的火星。"大火星"是一颗著名的红巨星，它不是绕太阳运行的火星，能放出火红色的光亮，每年的农历五月黄昏，心宿在中天位于正南方，位置最高；六月以后逐渐偏西，暑热开始减退；每年的农历七月黄昏，大火星的位置由中天又逐渐西降，"知暑渐退秋将至"，人们把这种现象称为"七月流火"，因此，"七月流火"是指天气转凉。13. ☒。"月有阴晴圆缺"是由于月亮绕地球运动而引起的。月亮绕地球运动的过程中，它与地球、太阳的位置不断发生变化，由于它本身不发光而反射太阳光，导致了月亮的圆缺变化。14. ☒。人们常用"太阳从西边出来"比喻不可能的事。在太阳系的八大行星中，只有金星的自转方向是从东往西，在金星上看到的太阳都是西升东落的。15. ☑。苏轼《东坡题跋》下卷《属摩诘蓝关烟雨图》披露唐代王维的作品中指出："味摩诘之诗，诗中有画；观摩诘之画，画中有诗。"摩诘是王维的字，王维既是诗人，又是画家，其所成就，不仅仅能诗善画，而且还把艺术中的诗与画，给以融化。诗画有机结合；是中国画的传统，又是中国画的特点。

16. ☑。"六根清净"是佛家用语，佛家把色、声、香、味、触、法叫做"六尘"，把眼、耳、鼻、舌、身、意叫做"六根"，并认为"六尘"产生于"六根"，因此就把所谓的"六根清净"叫做"一尘不染"。佛教认为：眼是视根、耳是听根、鼻是嗅根、舌是味根、身是触根、意是念虑之根。根有能生之意，认识由根而生，如眼根能生眼识、耳根能生耳听、鼻根能生嗅觉、舌根能生味觉、身根能生触觉、念虑之根能生意念。要做到六根清静，关键是要清静，排除欲念，清心寡欲，使自己的心地常处于清静之地，就不会妄念妄识，自添烦恼了。17. ☒。"天下兴亡，匹夫有责"是思想家顾炎武的名言。18. ☒。"草船借箭"的主角不是诸葛亮，而是孙吴集团的领袖孙权。公元213年，孙权与曹操作战于长江入巢湖的濡须口，孙权察看曹军情况，曹操令手下射箭，结果孙权的船只全部射满了箭，曹操感慨孙权的智勇双全，说道："生子当如孙仲谋(孙权的字)"。可见，"草船借箭"的主角人物应是孙权。19. ☒。荀子在《荀子·劝学》用"青，取之于蓝，而青于蓝；冰，水为之，而寒于水"(成语"青出于蓝，而胜于蓝")说明学习非常重要，即说明学习的重要性。20. ☒。"高义薄云"是用来形容文章的思想境界很高，语出"英辞润金石，高义薄云天"，后来转用以形容崇高的正义行为。

📖📖📖📖12月21日 ☞☞☞

355 ☺☺☺ 印章谜成语 ☺☺☺.

印章谜，也叫篆文谜、印文谜、篆刻谜、印刻谜等，简称"印谜"，是一种使用篆刻印章的印迹作谜面的花色趣味文义谜语，因谜面多以楷草隶篆等诸多字体刻在石材上，故又称为"金石谜"。猜射时，谜底一般要加入表性词：金、石、印、口、阴、阳、鉴、铭、刻、篆、朱、方、章，等等。印章谜之特点是"看谜面平淡无奇，论艺术巧扣谜底"。谜面刻字成文，谜底无闲字可剔。它既运用灯谜中巧借、拼合、象形、会意等手法来扣合谜底，又运用字形、虚实、布局、边框等奥妙来制作谜意。请您根据下列22枚印章有趣的构图，把字形、字意与印面联系起来理解它们的寓意，分别猜射一条4字成语，并一一指出每一枚印章的印文内容。

♥♥♥ 答案链接 ♥♥♥ → ▶

1. 出口成章；（印文：外贸）。2. 江河日下；（印文：江河日）。3. 一刻千金；（印文：女儿）。4. 半壁江山；（印文：江山）。5. 刻肌刻骨；（印文：骨肌）。6. 鉴往知来；（印文：老马识途）。7. 出口成章；（印文：出口或吜）。8. 下里巴人；（印文：巴人）。9. 刻不容缓；（印文：从来急）。10. 心心相印；（印文：心）。11. 一孔之见；（印文：目）。12. 山水相连；（印文：山水）。13. 金石丝竹；（印文：琴瑟笙箫）。14. 不偏不倚；（印文：正）。15. 病从口入；（印文：病）。16. 独霸一方；（印文：霸）。17. 四分五裂；（印文：四五）。18. 玉石俱焚；（印文：自燃）。

19. 照章办事；（印文：执行）。20. 金玉良言；（印文：好说）。
21. 阴阳怪气；（印文：怒责）。22. 挖空心思；（印文：思）。

📖📖📖12 月 22 日 ☞☞☞

356 ☺☺☺举一反三看图猜成语 ☺☺☺

下面 3 图所代表的是 9 条 4 字成语，您能分别根据每幅图画其中的含意，举一反三把这 9 条成语猜射出来吗？请赶快参与进来吧！您一定会成功闯关哦～～～！

♥♥♥ 答案链接 ♥♥♥➜▶

1. 含饴弄孙；孝子贤孙；天伦之乐。2. 无忧无虑；美意延年；百年不遇。3. 刻不容缓（解析：谐音法，"刻"与"咳"谐音）；感人肺腑；一目了然。

📖📖📖12 月 23 日 ✍✍✍

357 ☺☺☺ 看山水画猜成语 ☺☺☺.

请您根据下面这幅山水画《高山流水》的内容猜射 17 条与其相关的成语。

♥♥♥ 答案链接 ♥♥♥➔▶

山中白云；山水相连；山上有山；山高水低；水落石出；山重水复；山光水色；山长水远；云开见日；青山绿水；天朗气清；山清水秀；山高水长；山河襟带；高山流水；云兴霞蔚；水清无大鱼。

📖📖📖12 月 24 日 ✍✍✍

358 ☺☺☺ 象棋成语谜（二）☺☺☺.

用象棋棋盘排局做谜面猜射成语，新颖别致，匠心独特，别具趣味。下面 3 图均是象棋排局，请您分别猜射 3 条 4 字成语，并解析其猜射过程，以供欣赏。

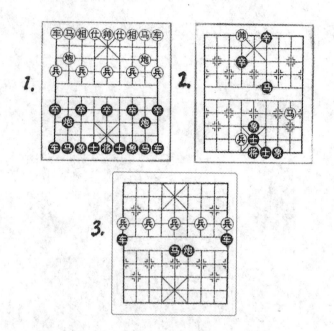

♥♥♥ 答案链接 ♥♥♥→▶

1. 严阵以待；整装待发；各得其所。**解析：**黑方和红方的"将"、"帅"、"仕"、"相"、"象"、"车"、"马"、"炮"、"兵"、"卒"、"士"等等32个棋子全部得到妥善安置，如其所愿都在各自所在的本职岗位上，都进入一级临战状态，等待决战；32个棋子都在积蓄力量，摩拳擦掌准备就绪等待出发，故曰："严阵以待"、"各得其所"和"整装待发"。

2. 马到成功；兵临城下；城下之盟。**解析：**由于受黑方的"士"和"象"的影响，红方的棋子"马"走"马日"来个"马八进七"，就将黑方的老"将"棋子"将死了"，但红方如果没有那个逼临城下的"兵"死守住黑方的城池，黑方的老"将"棋子可来个"将五平六"，避开红方棋子的"马"脚，转危为安，因此可见，红方棋子之所以"马到成功",是以红方棋子的"兵临城下"为先决条件的,只有"兵临城下",才能"马到成功"。但与此同时黑方的棋子"马"走"马日"来个"马六进五"就将红方的孤"帅""生擒了",黑方还有两个逼临城下的棋子"卒"死守住红方的城池,红方的孤"帅",只能与黑方来个"城下之盟",以求双方平局。

3. 按兵不动;兵车之会;马后炮。解析:红方五个"兵"棋子原地不动,不缺少一个棋子,故曰"按兵不动",红方五个"兵"棋子和黑方两个"车"棋子相聚会同一个战场,故曰"兵车之会"。黑方的棋子"炮"放置在同一黑方棋子"马"的后面,是一个不及时的布局,故曰:"马后炮"。

📖📖📖12 月 25 日 ☜☜☜

359 ☺☺☺趣填成语组地名成语(五)☺☺☺.

下面每一组成语中都含有一个地名,或是某国家地名,或是某国家某省份地名(行政区划),或是某国家某大城市的地名,或是某国家某中小城市的地名。请您在下面每一组成语空格内填上适当的字,使每组成语每一横行都成为一条含有某地名的成语。

1. 炉火纯□□晏河清; 2. 如虎添□□下之盟;

3. 好语似□□市蜃楼; 4. 云开见□□来面目;

5. 福如东□□来北往; 6. 笑逐颜□□妻荫子;

7. 好生之□□泰民安; 8. 喜怒哀□□风满面;

9. 揽辔澄□□源不断; 10. 面红耳□□回路转;

11. 风和日□□汉朝宗; 12. 腾蛟起□□春白雪;

13. 百年好□□遁鸣高; 14. 月露风□□来北往;

15. 五湖四□□若悬河; 16. 举一反□□肩叠背;

17. 寿山福□□下之盟; 18. 抛砖引□□当户对;

19. 再三再□□流不息; 20. 神通广□□中三元;

冬卷 ♦ 成语趣味游戏宝典

21. 巧发奇□□色天香；22. 异乎寻□□不拘节；
23. 侯门似□□快心直；24. 大功告□□俞吁咈；
25. 香象渡□□辕北辙；26. 祥麟威□□春白雪；
27. 之乎者□□可罗雀；28. 寿山福□□角春风；
29. 万象更□□至如归；30. 走南闯□大莫与□；
31. 陆海潘□声东击□；32. 以一持□亿万斯□；
33. □台亭榭□薰桂馥；34. 椿萱并□□流不息；
35. □风细雨□月桑时；36. □九归一□腾虎跃。

♥♥♥ 答案链接 ♥♥♥→▶

1. 炉火纯 青海 晏河清；2. 如虎添 翼城 下之盟；
3. 好语似 珠海 市蜃楼；4. 云开见 日本 来面目；
5. 福如东 海南 来北往；6. 笑逐颜 开封 妻荫子；
7. 好生之 德国 泰民安；8. 喜怒哀乐春风满面；
9. 揽辔澄 清源 源不断；10. 面红耳 赤峰 回路转；
11. 风和日 丽江 汉朝宗；12. 腾蛟起 凤阳 春白雪；
13. 百年好 合肥 遁鸣高；14. 月露风 云南 来北往；
15. 五湖四 海口 若悬河；16. 举一反三 亚 肩叠背；
17. 寿山福 海城 下之盟；18. 抛砖引 玉门 当户对；
19. 再三再 四川 流不息；20. 神通广大 连 中三元；
21. 巧发奇 中国 色天香；22. 异乎寻 常熟 不拘节；
23. 侯门似 海口 快心直；24. 大功告 成都 俞吁咈；
25. 香象渡 河南 辕北辙；26. 祥麟威 凤阳 春白雪；
27. 之乎者 也门 可罗雀；28. 寿山福 海口 角春风；
29. 万象更 新宾 至如归；30. 走南闯 北 大莫与 京；
31. 陆海潘 江 声东击 西；32. 以一持 万 亿万斯 年；
33. 楼 台亭榭 兰 薰桂馥；34. 椿萱并 茂川 流不息；
35. 和 风细雨 田 月桑时；36. 九九归一 龙 腾虎跃。

📖📖📖 12 月 26 日 ☞☞☞

360 ☺☺☺ 读毛主席诗词猜成语 ☺☺☺.

毛泽东主席诗词独树一帜，博大精深，柳亚子赞赏毛主席诗词："才华信美多娇，看千古词人共折腰"，毛主席诗词也令郭沫若老先生叹为观止。读毛主席诗词就是一种享受，请读一读下面这些毛主席所作的诗词，分别根据这些诗词，各猜射一些相关的成语。

1. 长夜难明赤县天，百年魔怪舞翩跹。

——《浣溪沙·和柳亚子先生》

2. 一唱雄鸡天下白，万方奏乐有于阗，诗人兴会更无前。

——《浣溪沙·和柳亚子先生》

3. 红军不怕远征难，万水千山只等闲。

——《七律·长征》

4. 更喜岷山千里雪，三军过后尽开颜。

——《七律·长征》

5. 五岭逶迤腾细浪，乌蒙磅礴走泥丸。

——《七律·长征》

6. 喜看稻菽千重浪，遍地英雄下夕烟。

——[当代·毛泽东诗《七律·到韶山》]。

7. 坐地日行八万里，巡天遥看一千河。

——《七律二首·送瘟神》

8. 借问瘟君欲何往，纸船明烛照天烧。

——《七律二首·送瘟神》

9. 千村薜荔人遗矢，万户萧疏鬼唱歌。

——《七律二首·送瘟神》

10. 春风杨柳万千条，六亿神州尽舜尧。

——《七律二首·送瘟神》

11. 金猴奋起千钧棒，玉宇澄清万里埃。

——《七律·和郭沫若同志》

12. 天若有情天亦老，人间正道是沧桑。

　　　　　　　　　　——《七律·人民解放军占领南京》

13. 钟山风雨起苍黄，百万雄师过大江。

　　　　　　　　　　——《七律·人民解放军占领南京》

14. 北国风光，千里冰封，万里雪飘。

　　　　　　　　　　　　　——《沁园春·雪》

15. 须晴日，看红装素裹，分外妖娆。

　　　　　　　　　　　　　——《沁园春·雪》

16. 江山如此多娇，引无数英雄竞折腰。

　　　　　　　　　　　　　——《沁园春·雪》

17. 不管风吹浪打，胜似闲庭信步，今日得宽余。

　　　　　　　　　　　　——《水调歌头·游泳》

18. 一桥飞架南北，天堑变通途。

　　　　　　　　　　　　——《水调歌头·游泳》

19. 飞起玉龙三百万，搅得周天寒彻。

　　　　　　　　　　　　　——《念奴娇·昆仑》

20. 千里来寻故地，旧貌换新颜。

　　　　　　　　　　——《水调歌头·重上井冈山》

21. 可上九天揽月，可下五洋捉鳖，谈笑凯歌还。

　　　　　　　　　　——《水调歌头·重上井冈山》

22. 世上无难事，只要肯登攀。

　　　　　　　　　　——《水调歌头·重上井冈山》

23. 昨日文小姐，今日武将军。

　　　　　　　　　　　　　　——《临江仙》

24. 思想好，能分析。

　　　　　　　　　　　　——《杂言诗·八连颂》

25. 军民团结如一人，试看天下谁能敌。

　　　　　　　　　　　　——《杂言诗·八连颂》

26. 一片汪洋都不见，知向哪边？

——《浪淘沙·北戴河》

27. 风云突变，军阀重开战。

——《清平乐·蒋桂战争》

28. 我失骄杨君失柳，杨柳轻飏直上重霄九。

——《蝶恋花·答李淑一》

29. 赤橙黄绿青蓝紫，谁持彩练当空舞？。

——《菩萨蛮·大柏地》

30. 雨后复斜阳，关山阵阵苍。

——《菩萨蛮·大柏地》

♥♥♥ 答案链接 ♥♥♥➔▶

1. 旷日持久；2. 一鸣惊人，无所不晓，报晓吉晨；3. 行若无事；4. 苦尽甘来，从容不迫（虾须格谜）；5. 履险如夷；6. 丰收在望，凯旋而归；7. 不胫而走；8. 付之一炬，不留神（俗语），一溜烟（俗语）；9. 悲惨世界，鬼哭神嚎；10. 春回大地，人杰地灵，欣欣向荣；11. 一尘不染；12. 无缘无故，人定胜天；13. 天翻地覆，势不可挡，经济斗争（新词语）；14. 原封不动；15. 绝代佳人，国色天香；16. 锦绣河山；17. 行若无事；18. 两岸交流（新词语）；19. 冰天雪地，天花乱坠；20. 返老还童；21. 能上能下；22. 战无不胜，攻无不克，只要功夫深，铁杵磨成针，磨杵成针；23. 投笔从戎；24. 一心向善，善始善终；25. 军民一家，天下无敌，无往不克，所向无敌；26. 荡然无存，沧海桑田；27. 晴天霹雳；28. 气冲霄汉，直冲云霄，凌云壮志；29. 七彩人生，七彩缤纷，七彩云霞，异彩纷呈，星光灿烂；30. 雨后天晴。

📖📖📖12 月 27 日 🖋🖋🖋

361 ☺☺☺火柴棒成语游戏 ☺☺☺.

火柴棒游戏玩法五花八门，只要大胆尝试，一定会从中获得无穷的乐趣，在游戏中增知识、长智慧。下图是用 29 根火柴棒分别摆成的"田"、"禾"、"甲"三个字或"三"、"目"、"十"、"甲"四个字。现在请您在"田"、"禾"、"甲"这三个字或"三"、"目"、"十"、"甲"这四个字中分别抽出三根火柴棒，使之分别组成一条相同的 4 字成语。这是一条什么成语呢？这条成语是什么意思呢？请分别解析移动火柴棒变成语的过程。

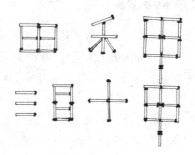

♥♥♥ 答案链接 ♥♥♥➜▶

1. 成语：一日千里。"一日千里"原来形容马跑得很快，语出《庄子·秋水》："骐骥骅骝，一日而驰千里"，后来形容进步或发展的迅速。（解析：从"田"字中间抽出一根竖的火柴棒单独横放在原"田"字的前边，这样可拆解"田"字组成"一日"，从"禾"字下半部位抽出一撇一捺的两根火柴棒后组成"千"字，再把从"禾"字下半部分抽出一撇一捺的两根火柴棒横放在后边的"甲"字的下半部位组成"里"字，这样就一起组拼成"一日千里"这条4字成语。）

2. 成语：一日千里。（解析：从"三"字抽出任意两根横的火柴棒分别横放在"甲"字的下半部位组成"里"字，再从"目"字中间抽出一根横的火柴棒斜放到第三个字"十"字的上半部位后组成"千"字，这样就一起组拼成"一日千里"这条4字成语。）

📖📖📖📖12 月 28 日 ☞☞☞

 ☺☺☺趣填象棋棋局成语 ☺☺☺.

下图是一盘象棋残局，请您在下图中的圆圈内填入适当的字，使它们分别与各自相邻的棋子或横向读或竖向读共组成 23 条 4 字成语。

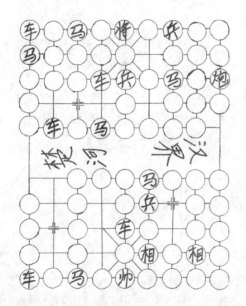

♥♥♥ 答案链接 ♥♥♥→▶

这23条4字成语分别是：1. 车水马龙；2. 虾兵蟹将；3. 败兵之将；4. 车马骈阗；5. 马工枚速；6. 兵车之会；7. 兵荒马乱；8. 兵强马壮；9. 敝车羸马；10. 马不停蹄；11. 如法炮制；12. 心乱如麻；13. 车载斗量；14. 车殆马烦；15. 马翻人仰；16. 千

军万马；17. 弃车保帅；18. 马到成功；19. 兵戎相见；20. 相辅相成；21. 相反相成；22. 功败垂成；23. 见景生情。

请见下图具体标示：↓

📖📖📖📖 12 月 29 日 🖝🖝🖝

363 ☺☺☺ 趣猜成语文字图画谜 ☺☺☺.

下面这座字画谜宫里设计有 40 幅文字图画，这些字画都是极具表现性、创新性、游艺性、趣味性、知识性、特殊性的成语表达形式。请根据每一幅字画中文字的形态特点，分别猜射一条或两条 4 字成语（计 42 条成语），您能猜射出几条呢？请快快参与进来智闯谜宫吧～～～！［OK］，您一定会有意想不到的惊喜和收获噢～～～！您一定会成功闯关哦～～～！➡️ ↘️

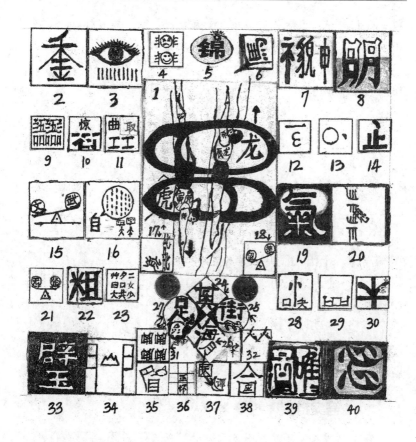

♥♥♥ 答案链接 ♥♥♥→▶

1. 龙腾虎跃，能上能下；   2. 一字千金；   3. 一目十行；

4. 啼笑皆非；   5. 锦上添花；   6. 人仰马翻；   7. 貌合神离；

8. 黑白分明；   9. 三言两语；10. 石破天惊；11. 异曲同工；

12. 举一反三；13. 可圈可点；14. 点到为止；15. 重文轻武；

16. 自圆其说；17. 能屈能伸；18. 德高望重；19. 阴阳怪气；

20. 想入非非；21. 无与伦比；22. 粗中有细；23. 莫名其妙；

24. 乐在其中；25. 过街老鼠；26. 海底捞月；

27. 足上首下，手舞足蹈；28. 心直口快；29. 俯首称臣；
30. 入木三分；31. 四脚朝天；32. 比翼双飞；33. 白璧无瑕；
34. 开门见山；35. 扬眉吐气；36. 正中下怀；37. 天方夜谭；
38. 里应外合；39. 阳奉阴违；40. 心心相印。

📖📖📖 12 月 30 日 ☞☞☞

364 ☺☺☺ 根据成语填字组地名（二）☺☺☺.

右图中有吉祥祝福颂语"普天同庆，福寿康宁，源远流长"，象征着神州大地喜气洋洋，全国人民共同恭迎新的一年到来，并共同祝福天下人福寿安康，长命百岁。请您根据这 3 条成语，在右图的空方格里，填入几组相同的字，使之竖向读可以分别组成为我国古代或现代的 12 个地名。✍ ➚

普	天	同	庆
福	寿	康	宁
源	远	流	长

♥♥♥ 答案链接 ♥♥♥➜▶⬇

在空格里按上下次序分别可填入"安安安，镇仁镇，仁镇仁，安安安"4组12个字，即可竖向读分别能组成12个地名：普安、安福、安源、天镇、仁寿、镇远、同仁、镇康、仁流、庆安、安宁、长安。✍ ➚

普	天	同	庆
安	镇	仁	安
安	仁	镇	安
福	寿	康	宁
安	镇	仁	安
源	远	流	长

📖📖📖12 月 31 日 ☞☞☞

365 ［集结语］：快乐成语游艇成功抵达胜利港口.

年度的集结号笛已经鸣响了，"珍惜辉煌的过去，迎接美好的未来"。到了该辞旧迎新的时间，让我们整理知识行囊作一总结祝个福吧！请在下面空格内填入适当的字，然后把这些字串联起来组成 6 句能充分体现"成语趣味游戏宝典"的创作目标、写作宗旨、编排特色、精神风采的宣传语句和读者阅读本书的心得体会的评语。"潮平两岸阔，一帆风顺来"，畅游在成语海洋的"IQ"号成语趣味游戏游艇成功驶入胜利港口了，在此继往开来之际，为了创造更加美好辉煌的明天，为了收获更多的精彩和快乐，我们加油！加油！再加油！驾驶这艘成语开心游艇，探究乐趣无穷的成语游戏大世界！勇猛精进，冲浪题海，再创辉煌！yeah！一生一世！精彩多多！快乐多多！带着美好快乐的记忆，在未来的日子里让我们一起继续扬帆远航吧！

1. □卷有益，□驰神往，□人之美，□妙天下，□戏三昧，
   □彩娱亲，□和年丰，□骨铭心，□昂慷慨，□龙活现，
   □移默化，□者为师，□人神往，□南海北，□笔千言，
   □才济济，□饭不忘，□言兴邦，□伦之乐，□回成命，
   □益匪浅，□马加鞭，□不可支。

2. □竹在胸，□出惊人，□戏人间，□彩嬉亲，□教于乐，
   □猴升木，□今为烈，□育人才，□教于乐，□以致用，
   □思于思，□以忘忧，□知于乐，□人善任，□今为烈，
   □天知命，□应若响，□善好施，□价之宝，□理尽性，
   □枣推梨，□涯海角，□笔成章，□心所向，□浊扬清，
   □不自禁，□意当前，□山乐水，□世不恭，□危为安，
   □承转合，□日方长。

3. □书三到，□千上万，□重心长，□鱼出听，□彩嬉亲，
   □之有效，□人快语，□此不疲，□定胜天，□机勃勃，

　□神满腹，□凤随鸦，□谋善断，□财善贾，□意当前，
　□育人才，□才多艺，□多益善。

4. □家立业，□重心长，□山玩水，矮子看□，□打鸳鸯，
　当头□喝，□衣炮弹，□穷无尽，□兵黩武，□马加鞭，
　□不思蜀，荣辱与□，□甘共苦，安□晚年。

5. □天辟地，□花结果，□悦诚服，□旷神怡，□物丧志，
　□刃有余，□彩嬉亲，□人快语，□马加鞭，□天知命，
　□善好施，□以致用，□竹在胸，□重心长。

6. □言为定，□记翩翩，官□言官，□到病除，□忽职守，
　□凡为圣，□龙配套，□出惊人。

♥♥♥ 答案链接 ♥♥♥→▶

1. 开卷有益，心驰神往，成人之美，语妙天下，游戏三昧，
戏彩娱亲，时和年丰，刻骨铭心，激昂慷慨，活龙活现，
潜移默化，能者为师，令人神往，天南海北，下笔千言，
人才济济，每饭不忘，一言兴邦，天伦之乐，收回成命，
获益匪浅，快马加鞭，乐不可支。

2. 成竹在胸，语出惊人，游戏人间，戏彩嬉亲，寓教于乐，
教猱升木，于今为烈，乐育人才，寓教于乐，学以致用，
于思于思，乐以忘忧，寓知于乐，知人善任，于今为烈，
乐天知命，其应若响，乐善好施，无价之宝，穷理尽性，
让枣推梨，天涯海角，下笔成章，人心所向，激浊扬清，
情不自禁，快意当前，乐山乐水，玩世不恭，转危为安，
起承转合，来日方长。

3. 读书三到，成千上万，语重心长，游鱼出听，戏彩嬉亲，
行之有效，快人快语，乐此不疲，人定胜天，生机勃勃，
精神满腹，彩凤随鸦，多谋善断，多财善贾，快意当前，
乐育人才，多才多艺，多多益善。

4. 成家立业，语重心长，游山玩水，矮子看戏，棒打鸳鸯，

当头棒喝，糖衣炮弹，无穷无尽，穷兵黩武，快马加鞭，
乐不思蜀，荣辱与共，分甘共苦，安享晚年。

5. 开天辟地，开花结果，心悦诚服，心旷神怡，玩物丧志，
游刃有余，戏彩娱亲，快人快语，快马加鞭，乐天知命，
乐善好施，学以致用，成竹在胸，语重心长。

6. 一言为定，书记翩翩，在官言官，手到病除，玩忽职守，
转凡为圣，成龙配套，语出惊人。

金盾版图书,科学实用,
通俗易懂,物美价廉,欢迎选购

百姓维权法律知识实用手册	19.00 元	妙趣横生的动物世界之三·	
百姓工作生活实用法律问答	24.00 元	动物与人类的恩怨情结	10.00 元
怎样处理家庭矛盾和邻里		怎样让子女更优秀	15.00 元
关系	23.00 元	易学智慧对话	35.00 元
中华孝道(四色)	29 元	灯谜百花大观园	13.00 元
中华道德成语谣	23.00 元	十二属相成语谜语欣赏	24.00 元
做人做事的技巧	16.00 元	农产品的营养及药用与	
管理时间的技巧	16.00 元	人身保健	15.00 元
讲话稿写作与讲话艺术	20.00 元	开店创业与科学经营	28.00 元
赠言创作与应用艺术	16.00 元	打官司实用手册	21.00 元
写作座右铭	14.00 元	民事官司 200 例	20.00 元
世界著名作家传奇故事	19.00 元	民营企业法律顾问	26.00 元
大众创新座右铭	17.00 元	常用法律知识 400 问	29.00 元
楹联艺术探美	15.00 元	待人处事的口才艺术	23.00 元
民间常用对联 3000 副	16.00 元	防止上当受骗 300 例	12.00 元
传世经典对联 3000 幅	22.00 元	中老年防骗手册	13.00 元
行业经典对联 3000 副	25.00 元	青少年最该读的经典	
中华名亭经典对联荟萃	21.00 元	发明故事	15.00 元
中华名楼经典对联荟萃	15.00 元	青少年最该读的经典	
中华名阁经典对联荟萃	11.00 元	智慧故事	15.00 元
古今巧联妙对趣事集锦	19.00 元	青少年最该读的经典	
赏诗词　增智慧	30.00 元	地理故事	15.00 元
图识世界部分国家军队军衔		青少年最该读的经典	
级别服饰(四色)	11.00 元	法制故事	15.00 元
为美好的未来作准备——		青少年最该读的经典	
写给中学生及家长和老师	17.00 元	情感故事	15.00 元
妙趣横生的动物世界之一·		青少年文史知识题典	
千奇百怪的动物之谜	11.00 元	(中国篇)	25.00 元
妙趣横生的动物世界之二·		青少年文史知识题典	
动物的智慧与本领	10.00 元	(外国篇)	25.00 元

    以上图书由全国各地新华书店经销。凡向本社邮购图书或音像制品,可通过邮局汇款,在汇单"附言"栏填写所购书目,邮购图书均可享受 9 折优惠。购书30 元(按打折后实款计算)以上的免收邮挂费,购书不足 30 元的按邮局资费标准收取 3 元挂号费,邮寄费由我社承担。邮购地址:北京市丰台区晓月中路 29号,邮政编码:100072,联系人:金友,电话:(010)83210681、83210682、83219215、83219217(传真)。